HENRI LÉVY-BRUHL

Soziologische Aspekte des Rechts

Schriftenreihe zur
Rechtssoziologie und Rechtstatsachenforschung

Herausgegeben von Ernst E. Hirsch und Manfred Rehbinder

Band 19

Soziologische Aspekte des Rechts

Von

Prof. Dr. Henri Lévy-Bruhl

Aus dem Französischen übertragen

von

Dr. Wolfgang Hromadka

DUNCKER & HUMBLOT / BERLIN

Inhaltsverzeichnis

Erster Teil

Allgemeine Probleme

Zweiter Teil

Einzelfragen

Anhang

Soziologie und Geschichte

Vorwort zur deutschen Ausgabe

Franz Wieacker hat einmal gesagt, die Rechtssoziologie „müßte das methodische Zentrum der wirklichkeitswissenschaftlichen Vorklärung der Bedingungen des Rechtes sein und bei voller Durchbildung folgerichtig die Rechtsvergleichung und die Rechtsgeschichte in sich aufnehmen". Die Richtigkeit dieser Feststellung wird durch das Lebenswerk von Henri Lévy-Bruhl bewiesen. In den Nachrufen und Würdigungen anläßlich seines Todes[1] wird immer wieder unter den verschiedensten Gesichtspunkten die enge Verflechtung und gegenseitige Befruchtung historischer und soziologischer Forschungen hervorgehoben[2]. Und dies mit vollem Recht, wie der hiermit in deutscher Übersetzung vorgelegte Sammelband[3] beweist, dem für das Gesamtwerk repräsentative Bedeutung zukommt.

In der ganzen Welt als Rechtshistoriker, insbesondere als Romanist, von seinen Fachkollegen hoch geschätzt und verehrt[4], in Frankreich den Soziologen und Juristen bekannt als Mitherausgeber der Zeitschrift „L'Année Sociologique" (seit 1924) und als Leiter und Mitarbeiter der dortigen Rubrik „Sociologie du droit et de la morale" (gemeinsam mit *Georges Davy*) sowie als Direktor der rechtssoziologischen Studien in der Abteilung VI der École des Hautes Études, hat es Lévy-Bruhl vermocht, der Rechtssoziologie in Frankreich die Daseinsberechtigung im Rahmen der Juristischen Fakultäten in Form eines Lehrstuhls und einer Berücksichtigung im Lehrplan zu sichern[5]. Geboren am 18. 12. 1884, also um zwei Jahrzehnte jünger als die in ihrer rechtshistorisch-romanistischen Grundlage ihm gleichenden deutschen Rechtssoziologen *Eugen Ehrlich* und *Max Weber*, hat *Henri Lévy-Bruhl* diese um rund vier Jahrzehnte überlebt und ist am 2. 5. 1964 verstorben. Ein Gelehrter,

---

[1] Gesammelt erschienen unter dem Titel „Hommage à Henri Lévy-Bruhl", Paris 1965.

[2] Siehe die einschlägigen Stellen in den Nachrufen von *Jean Gaudemet*, a.a.O., S. 9; *François Dumont*, a.a.O., S. 22; *Gabriel Le Bras*, a.a.O., S. 32; *Jean Carbonnier*, a.a.O., S. 36; *André Piganiol*, a.a.O., S. 46.

[3] Das französische Original ist unter dem Titel „Aspects sociologiques du droit" 1955 in der von *Armand Cuvillier* betreuten Reihe „Petite bibliothèque sociologique internationale, Série A, Auteurs Contemporains" bei der Librairie Marcel Rivière et Cie. in Paris erschienen.

[4] Vgl. die Nachrufe von *Helmut Coing*, a.a.O., S. 23, und von *Edoardo Volterra*, a.a.O., S. 47; ferner die Würdigung von *Gerardo Broggini* in Savigny Z. (rom. Abtlg.) 82 (1965), S. 490—494.

[5] *Gabriel Le Bras*, a.a.O., S. 32; *Jean Carbonnier*, a.a.O., S. 36.

dessen „Glaube an das Recht"[6] weder durch die Dreyfusaffäre noch
durch die Naziverfolgungen und im Zusammenhang damit durch den
Verlust seines Lehrstuhls an der Juristischen Fakultät in Paris, die
Plünderung seiner Bibliothek und die Vernichtung eines unersetzlichen
„Zettelkastens" während der deutschen Besetzung erschüttert werden
konnte.

Er stammte aus einer Gelehrtenfamilie, in der man die Werke des
Geistes höher schätzte als alle anderen Dinge[7]. Sein Vater war der
berühmte Soziologe, Psychologe und Ethnologe *Lucien L.-B.*, der inner-
halb dieser Fachgebiete durch seine (später von ihm selbst wider-
rufene) Lehre vom „prälogischen Charakter der Mentalität der Primitiven" längere Zeit einen erheblichen Einfluß gehabt hat. Wenn auch der
Sohn sich der Rechtsgeschichte und vor allem dem römischen Recht
zuwandte, so wirkte doch der väterliche Einfluß in den Gegenständen
und Methoden seiner wissenschaftlichen Arbeiten fort: als Historiker
erforschte er vor allem das frühe (archaische) römische Recht unter
Verwendung ethnologischer Erkenntnisse, als Jurist untersuchte er
alles Rechtliche mit der Blickrichtung und Methode des Soziologen
und Psychologen. Historische Zusammenhänge und soziologische Frage-
stellungen waren es, welche *Henri Lévy-Bruhl* zum führenden französischen Rechtssoziologen werden ließen, dem es gelang, das Recht
der Soziologie zu integrieren, „cette integration, qui était proprement
la sociologie juridique"[8]. Obwohl Soziologe aus der Durkheimschule,
war er auch für alle modernen Forschungsrichtungen der Soziologie aufgeschlossen. „Er trug", um noch einmal *Jean Carbonnier* zu zitieren,
„die gesamte Soziologie in seinem Herzen, und sie war es in ihrer
Gesamtheit, wofür er das Interesse der juristischen Welt erobern
wollte ... Wenn die Rechtssoziologie in den Rechtsfakultäten ernst
genommen worden ist, selbst von den Zivilrechtlern — diesen blasierten
Theologen, die wir nur allzuleicht sind —, so hat niemand mehr dazu
beigetragen als *Henri Lévy-Bruhl*[9]."

Soweit die Titel seiner Werke nicht bereits die soziologische Blickrichtung deutlich machen, wie z. B. „Initiation aux recherches de sociologie juridique" (1947), „La méthode sociologique dans les études
d'histoire du droit" (1956) und „Sociologie du droit" (1961), weist ein
Zusatz im Titel darauf hin, daß man es nicht mit einem juristischen
Werk der üblichen Art, sondern mit einer rechtssoziologischen Untersuchung zu tun hat, so z. B. bei dem 1934 herausgegebenen Sammelband
früherer Arbeiten unter dem Titel: „Quelques problèmes du très ancien

---

[6] So *Georges Vedel*, a.a.O., S. 7.
[7] *Pierre Petot*, S. 25.
[8] So *Jean Carbonnier*, a.a.O., S. 35.
[9] a.a.O., S. 36.

droit romain. Essai de solutions sociologiques" oder bei dem 1964 erschienenen Werk „La preuve judiciaire. Étude de sociologie juridique".

Die zentrale Frage, um die sich das gesamte Schaffen von *Henri Lévy-Bruhl* dreht, läßt sich dahin bestimmen, daß er nach den Ursachen forscht, welche dem Recht jene charakteristische Eigenart der „Geltung" verleihen. Das Recht als soziales Phänomen verdankt seine Verbindlichkeit dem jeweiligen Willen der konkreten sozialen Gruppe. Es handelt sich hierbei keineswegs um das politisch gemeinte, aber real nicht vorhandene Gedankengebilde einer „volonté générale" im Sinne Rousseaus, sondern um empirisch nachweisbare Faktoren, welche — letztlich bestimmt durch die allgemeine Menschennatur im ethnologisch-anthropologischen Sinne und durch die jeweiligen Lebensbedingungen („Milieu") einer konkreten menschlichen Gesellschaft — als Emanationen des Gruppenlebens in Gewohnheit und Gesetz, in Rechtsprechung und Rechtslehre sich niederschlagen und in diesen oft als Rechtsquellen bezeichneten Erscheinungsformen lediglich ihren Ausdruck finden. Man lese das den dreizehn Abhandlungen dieses Sammelbandes vorangestellte Vorwort, das klar hervorhebt, wie alles Rechtliche Ausdruck des Soziallebens einer bald engeren, bald weiteren konkreten menschlichen Gesellschaft ist, „que le Droit est l'activité sociale par excellence".

Wenn das Buch dieses bedeutenden französischen Rechtssoziologen, dem ich mich in der Forschungsrichtung engstens verbunden weiß, ohne daß jemals eine bewußte wechselseitige Beeinflussung bestanden hat, in der deutschen Öffentlichkeit Anklang findet, so hat der Übersetzer hieran ein nicht geringes Verdienst. Herr Dr. iur. *Wolfgang Hromadka*, Jurist von Beruf und Soziologe von Passion, hat — allein von einer „curiosité d'esprit" getrieben — eine Übersetzung geschaffen, die, obwohl leicht zu lesen, in jeder Hinsicht dem Original gerecht wird. Ihm für seine selbstlose Leistung an dieser Stelle öffentlich zu danken, ist mir inneres Bedürfnis.

Berlin, im Herbst 1969   Ernst E. Hirsch

Vorwort des Autors

Wenn ich hier einige Artikel zusammenstelle, die ich zum großen Teil
in den letzten Jahren an verschiedenen Stellen veröffentlicht habe, dann
deshalb, weil sie mir eine gewisse Einheit zu bilden scheinen. Eine Einheit des Gegenstandes zunächst. Obgleich sich die Arbeiten mit recht
verschiedenen Fragen befassen — angefangen von der Definition des
Rechts über die Familie, das Verfahren und das Strafrecht bis hin zu
verfassungsrechtlichen Problemen —, so beziehen sie sich doch alle auf
das Recht, dieses in einem sehr weiten Sinne verstanden, und interessieren vielleicht deshalb in erster Linie die Juristen und darüber
hinaus jene gebildeten Kreise, für die das Recht noch immer etwas Ge-
heimnisvolles und ein wenig Furchteinflößendes geblieben ist. Nun, ich
habe mich bemüht — und das ist der zweite Beweggrund, der mich veranlaßt hat, diese kurzen Studien zusammenzustellen —, die rechtlichen
Erscheinungen einzuordnen in das weite Ganze der gesellschaftlichen
Erscheinungen, zu zeigen, daß sie sich von jenen nicht grundlegend
unterscheiden, ja, daß im Gegenteil das Recht das eigentliche Sozialleben
darstellt. Ist man aber von dieser Wahrheit überzeugt, dann muß man
im Bereich des Rechts konsequenterweise dieselbe Methode anwenden
wie in den anderen Gesellschaftswissenschaften, und dann verliert das
Recht auch sein Odium als Geheimwissenschaft.

Die Betrachtung rechtlicher Erscheinungen unter soziologischem
Aspekt bietet einen weiteren, nicht weniger sicheren Vorteil: den der
Annäherung des Rechts an das Leben. Die Juristen sind nur zu leicht
geneigt, die Probleme, mit denen sie zu tun haben, als reine Techniker
anzugehen. Von Ausnahmen abgesehen, reicht ihr Horizont über Gesetzestexte und Entscheidungssammlungen nicht hinaus. Eine bessere
Einsicht in die rechtlichen Erscheinungen würde es ihnen erlauben, diese
engen Fesseln zu sprengen und die Dinge in die richtige Perspektive zu
rücken. Als Bestandteil — und ich wiederhole, als einen wesentlichen
Bestandteil — des sozialen Lebens kann man das Recht nicht an Hand
von Büchern studieren, sondern nur in der lebendigen Wirklichkeit.
Zweifellos bedeutet die heutige Arbeitsweise der Rechtswissenschaft
einen Fortschritt gegenüber der Methodik der Juristen des 19. Jahrhunderts, die in ihrer Gesamtheit nichts als den Gesetzestext kannten.
Aber man muß noch weiter gehen. Viele rechtliche Erscheinungen, und
sehr bedeutende, entstehen und leben außerhalb der Gerichtssäle. Will

man eine auch noch so ungenaue Vorstellung vom geltenden Recht
haben, dann muß man das tatsächliche rechtliche Verhalten der Menschen, und zwar auch ihr Verhalten praeter, ja sogar contra legem
kennen. Die tatsächlichen Verhaltensweisen bilden das Recht, sofern sie
allgemein beachtet werden, auch wenn sie nicht in den Texten ver-
zeichnet stehen. Diese Betrachtungsweise führt dazu, den Begriff des
Gewohnheitsrechts wiederzubeleben, ihm selbst in den zeitgenössischen
Staaten einen bedeutenden Platz zuzuweisen. Aber wie soll man die
tatsächlichen Verhaltensweisen kennenlernen? Auch hier nähert sich die
Rechtswissenschaft den anderen Gesellschaftswissenschaften. Sie muß,
gerade für die Erscheinungen der Gegenwart, dieselben Methoden benutzen wie jene: Erhebungen, Umfragen, Statistiken. Diese lebendige
Art, die rechtlichen Erscheinungen zu untersuchen, wird die Feststellung
erlauben, daß eine ganze Anzahl von Schulfragen gegenstandslos ist und
daß andere Probleme aufgetaucht sind, die man überhaupt nicht gesehen hat. Infolge ihrer einseitigen fachbezogenen Ausbildung sind die
Juristen meiner Generation, von Ausnahmen abgesehen, recht wenig
geneigt, diese Ansichten zu teilen; aber ich glaube fest, daß sie von der
neuen Generation mit ihrem wirklichkeitsnäheren und weniger bücher-
haften Wissen besser verstanden werden. Ihr widme ich diese Seiten
ebenso wie jenen, die sich, ohne von Berufs wegen mit dem Recht befaßt
zu sein, der außerordentlichen Bedeutung rechtlicher Phänomene im
gesellschaftlichen Leben bewußt sind. Es ist mein Wunsch, daß die
Rechtssoziologie von Gruppen junger Wissenschaftler mit Eifer und
Begeisterung betrieben werde.

Die 13 Arbeiten, die hier zusammengefaßt sind, lassen sich leicht in
drei Gruppen einteilen. Die erste befaßt sich mit allgemeinen Problemen,
Wissenschaft, Methode, Rechtsquellen usw. Die zweite berührt speziel-
lere Fragen, das Schuldverhältnis, die Beweise, die juristische Person,
die Familie, die Kriminalität; die Aufsätze X und XI führen uns an die
Grenzen der Politik. Ich habe es jedoch vermieden, polemische Artikel
aufzunehmen; sie wären in einem Werke mit wissenschaftlichem Charakter nicht am rechten Platz. Schließlich habe ich in einer Art Anhang
zwei kurze Versuche über die Geschichtstheorie beigefügt. Wenn sie auch
nicht unmittelbar das Recht betreffen, so sind sie von ihm doch weniger
weit entfernt, als man auf den ersten Blick annehmen könnte.

                                                    Henri Lévy-Bruhl

Erster Teil

Allgemeine Probleme

I. Einführung in die rechtssoziologische Forschung[1]

Die wissenschaftliche Forschung, die den Hauptzweck des "Centre d'Études sociologiques" bildet, ist nur auf Erscheinungen anwendbar, denen ein gewisser Grad von Objektivität eignet. Deshalb will ich es mir in meinem ersten Vortrag angelegen sein lassen, Ihnen aufzuzeigen, daß das Recht eine Sozialwissenschaft ist und daß das Recht Gegenstand wissenschaftlicher Behandlung sein kann; beide Feststellungen bedeuten im Grunde dasselbe, müssen aber für die Untersuchung geschieden werden. Es leuchtet ein, daß das Recht, wenn es eine Sozialwissenschaft ist, aus eben diesem Grunde Wissenschaft ist, denn es befaßt sich mit objektiven Erscheinungen.

Mein Hauptanliegen ist es aber, Ihnen zu zeigen, daß das Recht in den Bereich des Sozialen gehört. Das ist zwar eine ziemlich bekannte Vorstellung, und Sie werden mir vielleicht sagen, es sei eine Binsenwahrheit; dennoch halte ich es für gut, diesen Punkt hervorzuheben und darzulegen, inwiefern der Platz des Rechts notwendig im Bereich der gesellschaftlichen Dinge liegt, wie das Recht geradezu im Herzen des sozialen Lebens siedelt.

Ich gehe aus von der Definition des sozialen Sachverhalts, wie sie die französische soziologische Schule, und hier insbesondere Durkheim gegeben hat; Durkheim hat gezeigt, daß die soziale Erscheinung ein Phänomen von besonderer Eigenart ist, d. h. daß sie besondere Eigenschaften hat, die nur bei ihr vorkommen, und daß sie insbesondere ein ursprüngliches Phänomen ist, das aus der Vereinigung von Menschen in Gruppen entsteht. Jede Gruppe, die eine gewisse Stetigkeit, eine gewisse Dauer, eine gewisse Dichte zeigt, erzeugt gewissermaßen eine Kategorie von Erscheinungen, die eindeutig soziale Erscheinungen sind und die nur bestehen, wenn gleichzeitig eine Gruppe besteht. Aus der Gruppe erwächst soziales Leben, jenes soziale Leben, das sich durch Erscheinungen, durch Phänomene besonderer Art offenbart.

---

[1] Auszug aus: Initiation aux recherches de Sociologie juridique, C.D.U., 1947.

Geht man davon aus und ist die Gruppe demnach etwas anderes als bloß die Summe ihrer Mitglieder, dann muß man sich nunmehr fragen, was das Recht ist.

Man kann „Recht" auf die verschiedenste Weise definieren, hauptsächlich jedoch auf zweierlei Art, und zwar je nachdem, ob man den Begriff des subjektiven oder des objektiven Rechts im Auge hat.

Das subjektive Recht ist die einer Person verliehene Befugnis, eine bestimmte Handlung vorzunehmen. Das objektive Recht ist die Norm, die, von der Gruppe herrührend, den Mitgliedern eben dieser Gruppe auferlegt wird. In dieser zweiten Bedeutung, in der Bedeutung des objektiven Rechts, werde ich das Wort Recht gebrauchen, wenn ich mich dieser Vokabel bediene. Das Recht ist also die Gesamtheit der Normen, die die zwischenmenschlichen Beziehungen bestimmen.

Man sagt manchmal in einer etwas abweichenden Formulierung, das Recht sei ein System von Sanktionen. Das ist die Definition, die Durkheim und insbesondere Fauconnet gaben. In diesem System von Sanktionen, die wesensmäßig das Recht ausmachten, habe man zwei große Kategorien zu unterscheiden: die repressiven Sanktionen, deren Gesamtheit das Strafrecht bilde, und die austeilenden oder ausgleichenden Sanktionen, die das Privatrecht, insbesondere das Zivilrecht, ausmachten. Aber man betrachtet das Recht wohl aus einem zu engen Blickwinkel, wenn man es lediglich auf ein System von Sanktionen zurückführt. Man sieht im wesentlichen nur die Mittel, durch die die Gesellschaft auf ihre Mitglieder einwirkt. Ich möchte mich lieber einer etwas weiteren, umfassenderen Definition bedienen und sagen, daß das Recht, das objektive Recht, von dem wir sprechen, vielmehr ein System von Verbindlichkeiten (Obligationen) ist, wobei ich das Wort Verbindlichkeit ebenfalls in einem weiteren Sinn auffasse, denn „Verbindlichkeit" kann mehrerlei bedeuten. Das Wort „Verbindlichkeit" (lat. obligatio) wird seit einem berühmten Werk von v. Brinz bestimmt durch zwei Elemente: die Schuld und die Haftung; die Schuld, lat. debitum, und die Haftung, lat. obligatio i. e. S., welche man der obligatio im weiteren Sinne gegenüberstellt, die ihrerseits beide Elemente, debitum und obligatio, umfaßt. In dem weiten Sinne von Schuld und Haftung zusammen gebrauche ich das Wort Verbindlichkeit, wenn ich das Recht als ein System von Verbindlichkeiten definiere. Hier muß man nun m. E. weitergehen als die Nur-Juristen, die die Verbindlichkeit als einen Teil des Rechts ansehen und nicht als etwas, was die Gesamtheit der rechtlichen Erscheinungen umschreibt. Für sie ist die Verbindlichkeit lediglich ein Geflecht von Schulden und Forderungen in den — hauptsächlich wirtschaftlichen — zwischenmenschlichen Beziehungen, das allein aus Verträgen und Delikten entsteht, ganz nach der Definition, die die römischen Rechtsgelehrten gaben, einer Definition übrigens, die von diesen selbst berichtigt wurde:

Man sah sich nämlich veranlaßt, bei der Einteilung nach den Entste-
hungsgründen der Verbindlichkeiten noch den Quasikontrakt, die Quasi-
delikte und sogar das, was man „aus Gesetz" nennt, hinzuzunehmen.

Diese Theorie der Entstehungsgründe der Verbindlichkeit scheint mir
völlig willkürlich, ungenügend und unwissenschaftlich zu sein. Ich hatte
Gelegenheit, sie in einem Artikel zu kritisieren, der kürzlich in den
Cahiers internationaux de sociologie erschienen ist[2].

Aber das ist es nicht, wovon ich sprechen will. Ich will Ihnen vielmehr
darlegen, warum die Verbindlichkeit das gesamte Recht umfaßt, das
Familienrecht und das Recht des Eigentums ebenso wie das, was man
als den eigentlichen Bereich der Verbindlichkeit ansieht, die Verträge
und die unerlaubten Handlungen.

Sie umfaßt das gesamte Recht, jede rechtliche Erscheinung, denn die
Idee der Verbindlichkeit ihrerseits beruht auf der Idee des Gleichgewichts. Die Verbindlichkeiten werden durch die soziale Umwelt auferlegt, damit sich in jedem Augenblick und in jeder Lage die Vorstellung
verwirklicht, die die soziale Gruppe von dem Gleichgewicht besitzt,
welches herrschen oder gegebenenfalls herbeigeführt werden muß, damit
die gesellschaftliche Maschine funktioniert.

Das ist nun immer ein labiles Gleichgewicht, denn die sozialen Kräfte
sind ununterbrochen in Bewegung, sie sind selbst in dauerndem Wandel
begriffen und hängen nicht nur von wirtschaftlichen Faktoren ab, sondern auch von Überzeugungen, die in der betreffenden sozialen Gruppe
verbreitet sind.

Deshalb definiere ich das Recht, das objektive Recht, auch gern als ein
System von Verbindlichkeiten, die in jedem Augenblick und in jeder
Lage den Mitgliedern der Gruppe aufgezwungen werden.

Sie können nun einwenden, daß das Recht nicht das einzige System
von Verbindlichkeiten darstellt; auch die Moral ist ein System von Verbindlichkeiten. Andererseits besteht aber ein Unterschied zwischen dem
Recht und der Moral. Ich will auf diese klassische Unterscheidung nicht
näher eingehen, muß aber im Interesse der Klarheit der Diskussion doch
deutlich das Unterscheidungsmerkmal angeben.

Ich stütze mich in etwas verallgemeinernder Art auf die Unterscheidung, wie sie die französische soziologische Schule, besonders Durkheim,
vorgenommen hat. Durkheim sagt in mehreren seiner Werke, daß das
Recht sich auf die intensiven Gefühle des Kollektivbewußtseins beziehe,
während die Moral den schwächeren Seiten dieses Bewußtseins ent-
spreche, und das ist sicherlich richtig, wenn man an die Ahndung der
durch ein Mitglied der Gruppe begangenen Handlungen denkt.

---

[2] Vgl. unten, S. 73—84.

Zweifellos gehören unter dem Gesichtspunkt der Repression, der Sanktion, Zuwiderhandlungen dann zum Gebiet der Moral, wenn es sich um leichte Zuwiderhandlungen handelt, die das Kollektivbewußtsein gewissermaßen nur oberflächlich berühren, während es andererseits, wenn dieses Bewußtsein heftig tangiert wird, zu einer strafrechtlichen Ahndung kommt, zu einer organisierten Repression, zu einer Sanktion, die zumeist von Gerichten ausgesprochen wird. Während die moralische Sanktion häufig genug in einer einfachen Mißbilligung bestehen kann oder sich der Lächerlichkeit, der Ironie, allenfalls des Tadels als Waffe bedient, ist die repressive Sanktion, d. h. die rechtliche Ahndung, zumeist strafrechtlicher Natur, womit sie, wenigstens in den meisten Fällen, ein viel größeres Gewicht hat.

Es gibt ein aktuelles Beispiel, das diesen Unterschied zwischen der Moral und dem Recht unter dem Blickwinkel der Repression gut aufzuzeigen vermag, ein Beispiel, dessen wir in den jüngst vergangenen Jahren Zeuge geworden sind: Es handelt sich um die Ahndung der Kriegsverbrechen. Schon nach dem ersten Weltkrieg hatte man versucht, die Kriegsverbrechen zu bestrafen, und der Vertrag von Versailles hatte die strafrechtliche Verfolgung der deutschen Verbrechen vorgesehen und geregelt. Geschehen ist aber nichts. Im Gegensatz dazu hat man infolge der besonders barbarischen Grausamkeiten, die im Verlaufe des gerade vergangenen Krieges verübt wurden, auf Grund der heftigen Reaktion, die den unerhörten Verbrechen, deren sich die Deutschen schuldig gemacht haben, gefolgt ist, ein Gericht geschaffen, das sein Urteil gesprochen hat: den Nürnberger Gerichtshof. Damit vollzog sich also vor unseren Augen ein sehr lehrreiches Ereignis: Die Kriegsverbrechen wechselten aus dem Bereich der Moral, deren Sanktion sie vor 30 Jahren unterlagen, in den Bereich des Rechts über, was dazu führte, daß man die gleichen Verbrechen diesmal — vor ein oder zwei Jahren — gerichtlich ahnden konnte.

Dieser Vorgang ist außerordentlich bemerkenswert, denn wir erleben hier die Entstehung einer neuen rechtlichen Ordnung. Aus der Existenz eines organisierten Gerichts läßt sich schließen, daß wenigstens Ansätze zu einer organisierten Gesellschaft vorhanden sind, wobei das Gericht eines der faßbarsten Elemente dieser entstehenden Gesellschaft ist. In Umkehrung einer bekannten Gleichung kann man sagen: *„Ubi ius, ibi societas."* (Wo Recht ist, entsteht eine Gesellschaft.) Aus der Tatsache, daß ein internationales Gericht geschaffen wurde, folgt, daß sich zwischen den Nationen die menschliche Gesellschaft bildet.

Ich schließe diese Parenthese und deute nur noch an, daß das System von Verbindlichkeiten, aus dem das Recht besteht und welches ich gerade von den moralischen Verbindlichkeiten geschieden habe, außerdem von den religiösen Verbindlichkeiten unterschieden werden muß, und zwar ebenfalls mit Hilfe der Sanktionen. Auch die Religion ist in mancher Hinsicht ein System von Verbindlichkeiten; es gibt sogar Religionen, die statt aus Dogmen fast ausschließlich aus Riten bestehen und deren hervorstechende Kennzeichen Verbote sind. Was jedoch ein rechtliches von einem religiösen System unterscheidet, das ist die Art der Sanktionen: Die religiösen Sanktionen haben übernatürlichen Charakter, während die rechtlichen Sanktionen irdischer Natur sind.

Auch nach diesen Ausführungen sind wir noch nicht genügend über den sozialen Charakter des Rechts unterrichtet. Wir wissen, daß es aus einem System von Verbindlichkeiten besteht und daß diese Verbindlichkeiten, da von der Gesamtheit erlassen, gesellschaftlicher Natur sind; aber man muß doch noch stärker präzisieren. Das will ich jetzt tun, indem ich Ihnen zunächst eine Anzahl rechtlicher Maximen anführe, in denen sich der soziale Charakter mit aller Deutlichkeit zeigt.

Eine große Zahl juristischer Prinzipien wird durch Formeln ausgedrückt, die man Maximen oder Lehrsprüche nennt, und einige dieser Formeln lassen auf außerordentlich deutliche Art und Weise den sozialen Charakter des Rechts erkennen. Ich will Ihnen ein paar nennen, die mir hierfür besonders treffend scheinen. Zunächst der Satz: „Gesetzeskenntnis wird bei jedermann vorausgesetzt." Zweifellos hat der Gesetzgeber, und insbesondere der moderne Gesetzgeber, ein ganzes System von Vorkehrungen zur Verkündung von Gesetzen geschaffen, so daß es für einen Durchschnittsbürger schwierig ist, den Text eines Gesetzes, das die zuständigen Gesetzgebungsorgane beschlossen haben, nicht zu kennen. Selbst wenn aber jemand den Gesetzestext aus triftigen Gründen, vielleicht gar aus höherer Gewalt, nicht gekannt hat, dann darf er sich doch nicht darauf berufen, um dem Gesetz den Gehorsam zu verweigern. Diese Tatsache mag sonderbar erscheinen, aber sie erklärt sich aus dem sozialen Charakter des Gesetzes. Tatsächlich rührt das Gesetz von der gesellschaftlichen Gruppe und somit von jedem einzelnen ihrer Mitglieder her; jedes einzelne Mitglied gilt deshalb als Miturheber des Gesetzestextes und folglich nicht nur als dessen passives Objekt. Da nun das Mitglied zur sozialen Gruppe gehört und da das Gesetz sein Werk ist, darf es sich auf seine Unkenntnis nicht berufen.

Eine andere Maxime, *„Error communis facit ius"*, ist ebenfalls sehr bezeichnend für den gesellschaftlichen Charakter des Rechts. Sie besagt, daß eine — selbst irrige — Vorstellung als rechtens angesehen wird, wenn sie nur allgemein in der gesellschaftlichen Umwelt verbreitet ist. Das läßt sich allein durch die Beobachtung erklären, daß das Recht nicht auf exakten historischen Gegebenheiten, nicht auf einer mathematischen Wahrheit beruht, sondern auf Überzeugungen. Das Recht beruht auf Überzeugungen oder, um einen Ausdruck zu gebrauchen, dessen man sich vor einigen Jahren häufig bedient hat, auf Kollektivvorstellungen.

Insofern gleicht das Recht der Religion. Es kommt in der Tat kaum darauf an, ob die Grundlage der Normen wirklich vorhanden ist, es genügt, daß man daran glaubt. Man hat oft genug gesagt, daß die Legende wahrer sei als die Geschichte. Das ist kein Widerspruch: alles hängt davon ab, welche Bedeutung man dem Wort „wahr" beilegt. Für einen Soziologen ist der Satz, daß die Legende wahrer sei als die Geschichte, völlig richtig, in dem Sinn nämlich, daß die Mythen und Legenden von dem Augenblick an, in dem sie in einer Gesellschaft verbreitet sind, soziale Tatsachen darstellen, und zwar soziale Tatsachen, die eine beträchtliche gesellschaftliche Wirkung entfalten können. Mythen beispielsweise haben Kriege ausgelöst und Scharlatane Religionen gestiftet, die zahlreiche Gläubige gefunden haben. Fern liegt mir der Gedanke, daß alle Religionen von Betrügern begründet worden seien; ich denke in dieser Hinsicht keineswegs so wie manche Menschen des 18. Jahrhunderts; aber ich will sagen, daß manche Religionen nicht auf Tatsachen beruhen, sondern nur auf Überzeugungen, die gewisse Menschen für ihre Zwecke auszunutzen verstanden haben.

Ebenso haben unrechtmäßige Herrscher es fertiggebracht, Dynastien zu begründen, indem sie glauben machten, ihre Regierung sei rechtmäßig; so war es insbesondere bei vielen orientalischen Herrschern. Das Mittelalter erlebte eine außerordentliche Blütezeit falscher Dokumente, von denen ich die falschen Dekretalen und die falschen Kapitularien erwähnen will.

Ich brauche nicht einzugehen auf die Rolle der Fiktionen in einer großen Anzahl von Rechtsordnungen, insbesondere im römischen Recht.

Man muß jedoch nicht eigens die Vergangenheit bemühen, um Beispiele zu suchen; das moderne Recht bietet genügend Institute, bei denen die Rechtswirkungen an Handlungen oder Umstände geknüpft sind, die nicht den Tatbestand erfüllen, der eigentlich Voraussetzung der Rechtsfolge ist. Das typischste Beispiel ist die Ersitzung. Besitzt jemand eine Sache, dann wird er, auch wenn er nicht deren Eigentümer ist und an ihr auch kein sonstiges Recht hat, nach Ablauf einer gewissen Zeit einfach auf Grund der Überzeugung, die sich in der gesamten Gruppe bildet, rechtmäßiger Eigentümer. Der Besitzer erwirbt, selbst wenn er bösgläubig ist, Eigentum. Das bestimmt Art. 2262 Code civil. Bemerkenswert ist dabei, daß der Besitzer seinen Eigentumserwerb nicht einer Eigentumsschöpfung durch eigene Arbeit verdankt; es ist nicht die Arbeit, die in diesem Gedankenbild auf dem Wege der Ersitzung Eigentum schafft. Nein, wir stehen hier vor einem Phänomen der Kollektivpsychologie, der Gewöhnung; weil die Nachbarn und die ganze Gruppe an eine Art notwendigen Bandes zwischen dem, der sich auf der Sache befindet, und der Sache selbst glauben, glauben sie schließlich infolge Zeitablaufs und hauptsächlich infolge psychologischer Gewöhnung an das Eigentum des Besitzers an dem Gut, das dieser an sich gebracht hat, so daß sie ihm das Eigentum schließlich von Rechts wegen zusprechen.

Die Ersitzung ist vielleicht das bezeichnendste Beispiel für die Anwendung des Satzes „*Error communis facit ius*". Es gibt aber noch andere, die ich lediglich erwähnen will, so etwa den Fall der Putativehe und den Fall des Scheinerben.

Ich fahre gleich fort und gebe Ihnen zwei weitere Beispiele von Lehrsätzen. Hier geht es nicht um den Lehrsatz selbst, sondern im Gegenteil um Ausnahmen, die die Reichweite eines Prinzips, welches vollkommen logisch und unwiderlegbar scheint, abschwächen.

Das erste ist „*Nemo dat quod non habet*". (Man gibt nicht, was man nicht hat.) Das scheint einleuchtend. Man kann nur geben, was man hat. Rechtsnachfolger können grundsätzlich keine stärkeren Rechte erlangen als ihre Vorgänger. Man scheint hier vor einer elementaren logischen Notwendigkeit zu stehen, und doch ist dieser Satz auf juristischem Gebiet alles andere als richtig; das Prinzip erleidet bedeutende Ausnahmen. Wird beispielsweise eine Forderung abgetreten, dann hat in gewissen Fällen der Zessionar eine bessere Stellung als der Zedent; das liegt daran, daß ihm keine Einreden entgegengehalten werden können. Ober aber der Erbe, der als Rechtsnachfolger des Verstorbenen angesehen wird, ist von gewissen Schulden befreit und befindet sich folglich in einer günstigeren Stellung als der, in dessen Position er eingetreten ist.

Das zeigt Ihnen, daß das Recht keine Mathematik ist und daß im juristischen Bereich Personen und Sachen keine austauschbaren Figuren sind.

Auf derselben Linie liegt, was für den Begriff der Veräußerung gilt. Die Veräußerung ist, von einem mathematischen Standpunkt aus betrachtet, ein sehr einfacher Vorgang. Er besteht darin, daß man ein Gut aus einem Vermögen herauslöst und in ein anderes Vermögen einfügt, in dem es wieder genau dieselbe Stellung einnimmt wie in dem früheren Vermögen. Dieser Begriff der Veräußerung, der uns heute sehr vertraut erscheint, hat sich außerordentlich langsam entwickelt. In Wirklichkeit waren im Altertum die Sachen in gewisser Weise von demselben allgemeinen Geist durchtränkt, der die gesamte Gruppe, und zwar Menschen wie Sachen, prägte. Die Sachen waren nicht reine Materie, sie hatten teil an einer Atmosphäre, die die gesamte Gruppe umgab. Menschen und Sachen waren Teile dieser Gruppe, und folglich konnte man die Sachen nicht einfach daraus lösen; man begriff nicht, wie eine Sache von einer Gruppe in eine andere übergehen sollte, denn sie gehörte im wahrsten Sinne des Wortes zur Gruppe.

Selbst im römischen Recht, d. h. in einem Recht, das dem Handel besonders freundlich gesinnt war, in dem Übertragungsgeschäfte verhältnismäßig sehr einfach ausgestaltet sind und wo man die Sachen nach ihrem materiellen Wert betrachtet, indem man den Geldwert zugrunde legt — das römische Recht ist ein sehr wenig vergeistigtes Recht —, selbst in diesem römischen Recht hat sich der Begriff der Veräußerung nur sehr langsam entfaltet, und die Riten, die die Veräußerung bedeutender Sachen begleiten, zeigen uns, daß der Erwerb einer Sache aus der Sicht des neuen Vermögens, desjenigen des Erwerbers betrachtet, die Sache, die übergehen soll, als erworben und nicht als übertragen angesehen wird.

Andererseits erhält selbst im Falle einer Veräußerung derjenige, der vom Nichteigentümer, „a non domino", um den lateinischen Ausdruck zu gebrauchen, erwirbt, mehr Rechte als sein Vorgänger, sofern er gutgläubig war. Er wird einfach als Eigentümer behandelt, auch wenn es sein Vorgänger nicht war. Sie sehen also, daß der Grundsatz „Nemo dat quod non habet" auch hier eine beträchtliche Ausnahme erleidet.

Ein anderes logisches Prinzip, das völlig unanfechtbar erscheint, ist im Recht ebenfalls Gegenstand bedeutender Einschränkungen und Ausnahmen. Es ist der Grundsatz, der bezüglich der Nichtigkeit gilt und der im Lateinischen folgendermaßen ausgedrückt wird: „Quod nullum est, nullum habet effectum." (Was nichtig ist, hat keine Wirkung.) Das sieht ebenfalls nach einer Binsenwahrheit aus: Es ist offensichtlich, daß etwas nicht Vorhandenes keine Wirkung hervorrufen kann. Und doch ist das vom juristischen Standpunkt aus nicht immer richtig; der Satz gilt in der Arithmetik, nicht aber im Recht. Im Gegenteil: alles, was existiert, hat Wirkungen, auch die nichtigen Dinge. Man kann eine Handlung in dem Sinne rückgängig machen, daß man Handlungen zu ihrer Beseitigung unternimmt, Maßnahmen ergreift, die versuchen, die Dinge in den Zustand zurückzuversetzen, in dem sie waren, ehe die nichtige Handlung vorgenommen wurde, man kann das Vergangene aber nicht ungeschehen machen. Sie kennen den Satz: „Gott selbst kann nichts mehr am Vergangenen ändern." Er gilt auch für das Gebiet des Rechts. Es gibt niemals im eigentlichen Sinne des Wortes eine wirkliche Wiedereinsetzung in den vorigen Stand, d. h. eine Wiederherstellung der Dinge, indem man ungeschehen macht, was später geschehen ist. Selbst ein nichtiges Geschäft ruft Wirkungen hervor, Wirkungen, die man natürlich abzuschwächen versucht, die man aber niemals völlig beseitigen kann.

Sie sehen also, wie diese Lehrsprüche die gesellschaftliche Natur der Rechtsnormen offenbaren.

Nach diesen Maximen möchte ich Ihre Aufmerksamkeit auf eine Einrichtung lenken, die ebenfalls den sozialen Charakter der rechtlichen Sachverhalte zeigt. Es handelt sich um ein spezifisch juristisches Gebilde: die juristische Person. Dieses Gebilde wird uns den Sonder-charakter der sozialen Phänomene beweisen, den ich zu Beginn dieses Vortrages andeutete. Es zeigt, daß das Ganze verschieden von den Teilen ist, aus denen es sich zusammensetzt. Das wird besonders deut-lich, wenn man beispielsweise eine Institution wie den Staat betrachtet oder, um eine wesentlich kleinere Einrichtung zu nehmen, eine Aktien-gesellschaft. Beides sind Vereinigungen: eine politische Vereinigung alles umfassender Art, der Staat, eine Vereinigung von sehr beschränk-ter Bedeutung, die Handelsgesellschaft.

Für manche Juristen ist die Rechtspersönlichkeit, die man solchen Vereinigungen wie dem Staat, aber auch der Aktiengesellschaft zu-erkennt, eine reine Fiktion, die nicht auf einer realen Grundlage beruht. Von der Definition des sozialen Sachverhalts aus läßt sich leicht zeigen, daß man keine Fiktion bemühen muß, um zu erklären, daß diese Grup-pen sich deshalb wie Personen verhalten, weil sie Kollektivpersonen sind.

Eine solche Konzeption macht auch das öffentliche Recht verständlich, den Gehorsam gegenüber dem Gesetz. Das Gesetz wird nämlich, wie ich gerade im Zusammenhang mit dem Satz „Gesetzeskenntnis wird bei jedermann vorausgesetzt" sagte, von dem gesamten sozialen Ver-band, der eine Person darstellt, gewollt, und nicht von den Regierenden, die sich an die Regierten wenden. Beweis dafür ist, daß die Mehrheit im Verlaufe einer und derselben Sitzung eines Parlaments wechseln kann. Sehr häufig ändert sich die Zusammensetzung der Mehrheit und dementsprechend auch die der Minderheit. Das hindert nicht, daß der Kollektivwille erhalten bleibt.

Die Wirklichkeit der juristischen Person ist keine Eigentümlichkeit der umfassenden, allgemeinen juristischen Personen, wie es Staaten sind. Sie gilt in gleicher Weise für weniger umfassende juristische Personen wie die Aktiengesellschaften oder andere Vereinigungen, bei denen es auf die Persönlichkeit ihrer Mitglieder als einzelne nicht ankommt. Deshalb heißt es genau unterscheiden zwischen den Ver-einigungen, die auf dem beruhen, was die Römer den *„intuitus personae"* nannten, und jenen anderen, bei denen gerade eine objektive Persönlich-keit vorhanden ist.

Der soziale Charakter des Rechts findet seinen Ausdruck auch in der Auslegung der Gesetze und Verträge. Was diese Auslegung anbetrifft, so sagte man — um zuerst von den Gesetzen zu sprechen — vor nicht sehr langer Zeit, nicht mehr als einem halben Jahrhundert, daß man, wolle man ein Gesetz richtig deuten, vor allem den Willen des Gesetzgebers erforschen müsse. Das Gesetz wurde als die eigenständige Arbeit eines bestimmten Gesetzgebers oder eines bestimmten Parlaments angesehen. Mehr und mehr aber wird man sich dessen bewußt, daß das Gesetz auf dem Kollektivwillen und nicht auf dem Willen einzelner beruht. Nichts ist in dieser Hinsicht beweiskräftiger als die Entwicklung vieler Gesetzesformulierungen, die mit der Zeit einen ganz anderen Sinn annehmen, die sich von der Vorstellung oder der Absicht, wie man sie im Augenblick der Verkündung hegte, entfernen, manchmal so weit, daß sie das genaue Gegenteil von dem besagen, was ihr ursprünglicher Sinn war. Sie sehen also, daß das Gesetz eine soziale Erscheinung ist, denn es paßt sich den neuen Bedingungen des Lebens an.

Dasselbe kann man bei den Verträgen beobachten. Lange Zeit ging man von dem Grundsatz der Privatautonomie der Vertragschließenden aus. Jetzt beginnt man einzusehen, daß die Verträge sehr viel Kollektives und nur sehr wenig Individuelles enthalten, daß der Spielraum für die Freiheit der Parteien äußerst gering ist, sich nur auf Einzelfragen erstreckt und daß die wirklich wesentlichen Elemente der Verträge durch die soziale Gruppe vorgegeben sind.

Nehmen wir irgendeinen Vertrag, z. B. einen Kauf: Die allgemeinen Pflichten des Verkäufers und des Käufers liegen fest, und der Bewegungsfreiheit der beiden Parteien sind außerordentlich enge Grenzen gesteckt. Sie können lediglich den Kaufgegenstand und den Preis bestimmen; aber die Normen, nach denen sich der Vertrag richtet, werden ihnen von der Gesellschaft vorgeschrieben. Was für den Kauf gilt, gilt für alle Verträge des Privatrechts und erst recht für die Verträge des öffentlichen Rechts und für die gemischten Verträge, die immer zahlreicher werden, weil das öffentliche Recht in einem solchen Ausmaß immer weitere Bereiche des Privatrechts an sich reißt, daß viele Autoren mit Recht schon von einer „Krise des Vertrags" gesprochen haben.

Ich denke, diese Beispiele genügen, um Ihnen den sozialen Charakter des Rechts zu zeigen und darzutun, welchen Platz es inmitten des Soziallebens einnimmt. Man könnte sagen, daß, wenn es unter den Sozialwissenschaften nur eine einzige Wissenschaft gäbe, es das Recht sein müßte, welches übrigbliebe.

Man kann sich deshalb fragen, warum die Juristen so lange geschwiegen und sich so lange geweigert haben, sich als Soziologen zu betrachten oder auch nur einzusehen, daß sie sich mit den anderen Sozialwissenschaften auseinandersetzen konnten und mußten. So gab es, als die französische soziologische Schule am Ende des letzten Jahrhunderts begründet wurde, recht wenige Juristen unter den Mitarbeitern von Durkheim, drei oder vier höchstens: Huvelin, Emmanuel Lévy, Charmont. Andere wurden von den Theorien der Soziologen jener Epoche erheblich beeinflußt, aber man kann nicht sagen, daß sie sich der Schule angeschlossen hätten, sie sind abseits geblieben; das sind Männer wie Duguit und Hauriou. Im allgemeinen haben sie eine Art individualistischer Einstellung gezeigt, die ihnen gerade durch ihre Arbeiten aufgedrängt wurde; sie haben sich geradezu dagegen gewehrt, Soziologen zu werden. Ich muß sagen, daß diese Voreingenommenheit seither weitgehend geschwunden ist und daß fast alle Rechtslehrer, jedenfalls die berühmtesten, Soziologen geworden sind. Als äußeres Zeichen dafür genügt der Hinweis, daß eine große Anzahl von Professoren der Rechtsfakultät von Paris dem „Institut français de Sociologie" angehört.

In jedem Fall habe ich mich bemüht, Ihnen zu zeigen, daß das Recht eine soziale Disziplin ist, und da es eine soziale Disziplin ist, ist die Rechtswissenschaft notwendig eine echte wissenschaftliche Disziplin.

Betrachtet man die Phänomene, die wegen ihrer kollektiven Natur objektiven Charakter besitzen, so ist in der Tat das Recht legitimiert, sie nach einer eigenen Methode zu untersuchen.

Das Recht kann also Gegenstand der Wissenschaft sein. Dabei muß man Wissenschaft und Technik auseinanderhalten. Die Wissenschaft unterscheidet sich von der Technik dadurch, daß die wissenschaftlichen Verfahren der Erkenntnis der Dinge um ihrer selbst willen dienen, während die Techniker die praktische Anwendbarkeit untersuchen. Es ist der Unterschied zwischen der reinen Wissenschaft und der angewandten Wissenschaft.

Meistens sind die Juristen Techniker, mehr oder weniger bedeutende Praktiker, aber eben Praktiker. Sie untersuchen das Recht, um es anzuwenden, um es abzuändern, um es auszulegen, und insofern ist ihre soziale Funktion sehr bedeutend. Aber die wissenschaftliche Untersuchung liegt auf einer anderen Ebene, sie befaßt sich einzig und allein mit der Erkenntnis der rechtlichen Erscheinungen um ihrer selbst willen. Es handelt sich hierbei — das gilt es zu beachten — noch um ein recht junges Anliegen, und wenn man häufig sagt, die Römer seien die Vorläufer der Rechtswissenschaft gewesen, dann darf man sich durch diese Worte nicht täuschen lassen: Die Römer waren keine Gelehrten im modernen Sinn, sie haben keine Rechtswissenschaft getrieben, sie waren Praktiker, große Praktiker, berühmte Praktiker, aber eben Praktiker. In Wirklichkeit beginnt die Rechtswissenschaft erst mit dem 18. Jahrhundert, und der erste große Name, der in diesem

Zusammenhang zu erwähnen ist, ist der von Montesquieu[3]. Sein *„Esprit des Lois"* ist vielleicht das erste Werk in der Welt, das dieser Aufgabe gewidmet ist, das heißt, das die Verschiedenheiten der Gesetze untersucht, indem es sie miteinander vergleicht, und das dabei die geschichtliche und die vergleichende Methode benutzt. Wir werden sehen, daß auch der moderne Gelehrte sich dieser beiden Verfahren bedienen muß. Montesquieu hat also den Grundstein für die Rechtswissenschaft gelegt. Ihr Gesichtskreis wurde im 19. Jahrhundert durch den Einfluß des Gedankens der Evolution erweitert, den Montesquieu nicht gekannt hatte und der auf naturwissenschaftlichem Gebiet hauptsächlich von Darwin und Lamarck, auf historischem Gebiet durch Friedrich-Carl von Savigny herausgearbeitet wurde.

Den vereinten Bemühungen der Rechtshistoriker ist es zu verdanken, daß im 19. Jahrhundert die Rechtswissenschaft entstehen konnte und daß man sie heute mit geeigneten Methoden zu betreiben vermag.

II. Die Methode der Gesetzesauslegung[1]

Der Jurist, der Richter, ist per definitionem konservativ. Mit Recht sorgt er sich um die gesellschaftliche Sicherheit. Darüber hinaus mißtraut er Neuerungen. Wird er mit einem Prozeß befaßt, in dem es auf einen bestimmten Gesetzestext ankommt, dann treibt ihn seine Überlegung von Berufs wegen als erstes dazu nachzuprüfen, ob diese Frage sich der Rechtsprechung schon einmal gestellt hat und in welchem Sinne das Gesetz von den Gerichten, die darüber zu befinden hatten, verstanden worden ist. Handelt es sich um höchstrichterliche Entscheidungen, insbesondere um solche der Cour de Cassation, dann wird er deren Auslegung in den seltensten Fällen anzweifeln. Dabei ist der Rückgriff auf Präjudizien, obwohl in der französischen Gerichtspraxis eine häufige Erscheinung, für den Richter in Frankreich an sich nur eine bloße Möglichkeit. Anders steht es in England, wo die Richter, noch traditionsgebundener, verpflichtet sind, sich nach dem Grundsatz des „stare decisis" auf ältere Gerichtsentscheidungen zu stützen.

Selbst wenn dieser Weg gangbar ist, wird dadurch die Frage: Wie verhält sich der Richter in einem Rechtsstreit, wenn das Gesetz schweigt? nicht beantwortet, sondern nur verschoben.

Das angewandte Verfahren ist das der Analogie. Der Richter sucht aus den zahllosen vorhandenen Gesetzen dasjenige aus, das nach seiner

---

[3] Vgl. in der Sammlung ,Petite bibliothèque sociologique internationale' die Abhandlung von Durkheim über „Montesquieu et Rousseau, précurseurs de la Sociologie".

[1] Auszug aus: Introduction à l'étude du droit, éd. Rousseau et Cie., 1951.

Ansicht dem Streitfall, den er zu entscheiden hat, am nächsten kommt. Natürlich kann es sich nur um eine entfernte und noch dazu trügerische Analogie handeln, und doch muß man sich mit ihr als dem kleineren Übel zufriedengeben. Selbst wenn der gewählte Text sich nicht auf den Fall bezieht, wird man nicht zögern, ihn zur Grundlage zu wählen für die in Wahrheit neuartige Entscheidung, die das juristische Denken dem Rechtsstreit zu geben zwingt. Die Gleichbehandlung kann bis zu einem gewissen Grade durch die Verwandtschaft der Situationen gerechtfertigt sein. Auf diesem Weg hat die Rechtsprechung — um nur ein Beispiel zu erwähnen — die Vorschriften, die das Gesetz für den Pfleger des Minderjährigen aufstellt, auf den Pfleger des für volljährig erklärten Minderjährigen ausgedehnt. Manchmal stützt man sich weniger auf einen Text als auf die Gleichheit des zugrundeliegenden Rechtsgedankens, wie etwa bei der Ausdehnung der vom Gesetz nur für den Verkauf vorgeschriebenen Gewährleistung auf alle entgeltlichen Verträge[2].

In diesen und ähnlichen Fällen hat der Richter, der das Gesetz extensiv auslegt, nicht das Gefühl, sich vom Gesetz zu entfernen, sondern im Gegenteil, wenn nicht seinem Buchstaben, so doch seinem Geist treu zu bleiben. Es gibt aber andere Fälle, in denen wir den entgegengesetzten Vorgang erleben: Der Auslegende tastet den Gesetzestext in seinem formellen Wortlaut nicht an, aber er verfälscht bewußt dessen Sinn, um auf diese Weise neue Bedürfnisse befriedigen zu können.

Ich will zwei Beispiele anführen, eines aus dem römischen Recht, das andere aus dem modernen französischen Recht. Eine Bestimmung des 12-Tafel-Gesetzes — des ältesten römischen Rechtsdenkmals aus dem 5. Jahrhundert vor unserer Zeitrechnung — untersagte dem pater familias, seinen Sohn öfter als dreimal zu verkaufen. Nach dem dritten Verkauf verlor er die väterliche Gewalt, deren Dauer und Strenge im römischen Recht bekannt ist. Es scheint, daß diese Regel gegen den Vater gerichtet war und einen Mißbrauch verhindern sollte[3]. Von einem bestimmten Zeitpunkt an verspürte man nun das Bedürfnis, dem Hauskind eine gewisse rechtliche Selbständigkeit zu gewähren, die es an sich zu Lebzeiten seines Vaters nicht erlangen konnte. Der Erfindungsgeist der ersten römischen Juristen, welche die Oberpriester gewesen zu sein scheinen, wurde dieser Schwierigkeit Herr, und zwar

---

[2] Diese Unterscheidung, auf die vor allem die deutschen Juristen Wert legen — sie bezeichnen den ersten Fall als *Gesetzesanalogie*, während sie den zweiten *Rechtsanalogie* nennen —, scheint mir weder von großer theoretischer noch von großer praktischer Bedeutung zu sein.

[3] Das ist die Auslegung, die man dieser Vorschrift allgemein gibt. Ich für meinen Teil möchte einige Vorbehalte anmelden, aber sie sind in unserem Zusammenhang ohne Bedeutung.

mit Hilfe der oben genannten Vorschrift aus den 12-Tafeln, die ihrem
Sinn nach offenbar gar nicht für diesen Zweck gedacht war. Verlor
der Vater die väterliche Gewalt, weil er seinen Sohn dreimal verkauft
hatte, dann mußte es, wollte er seinem Sohn die volle Rechtsfähigkeit
verschaffen, ausreichen, wenn er ihn dreimal nacheinander zum Schein
an einen Freund verkaufte, der sich seinerseits beeilte, ihn freizulassen.
Man sieht hier, wie man es, ohne daß man auch nur ein einziges
Wort veränderte, allein durch geschickte Auslegung fertigbrachte, der
Bestimmung eines besonders hoch verehrten Gesetzes einen Sinn
unterzuschieben, der dem ursprünglichen beinahe entgegengesetzt war.

Der Art. 1119 des Code civil bietet uns ein ähnliches Beispiel. Er
bestimmt: „Man kann im allgemeinen in seinem eigenen Namen nur
sich selbst verpflichten oder sich selbst etwas versprechen lassen." Das
ist ein Andenken an das römische Recht. In Rom, wo die Vertretung
grundsätzlich verboten war, wirkten die Verträge, von Ausnahmen
abgesehen, nur unter den Parteien. Der Code civil beging den Fehler,
diesen überholten Lehrsatz als eigene Regelung aufzunehmen. Tatsächlich widerspricht die Vorschrift derart den Bedürfnissen der modernen
Gesellschaft, daß sie in einem Sinn ausgelegt wird, der eindeutig im
Gegensatz zu ihrer offensichtlichen Bedeutung steht. Mit Hilfe eines
geschickten Taschenspielertricks gelangte die Rechtsprechung in einer
ihrer glänzendsten Schöpfungen zur Anerkennung der Lebensversiche-
rungen, ja sogar der Stiftungen, der Vereinbarungen zugunsten Dritter
in Verträgen des öffentlichen Rechts und in Ausschreibungsbedingungen.
Man kann sagen, daß der Art. 1119 durch die Rechtsprechung zu einem
Nichts geschrumpft ist.

Man ersieht hieraus, welche Freiheiten man sich bei der Auslegung
eines Gesetzestextes nehmen kann. Ich füge hinzu, daß eine Theorie,
die in diesen letzten Jahren einen beträchtlichen Aufschwung erlebt hat,
ebenfalls dazu beiträgt, die Unabhängigkeit des Auslegenden gegenüber
dem Text zu begünstigen. Ich denke an den Rechtsmißbrauch.
Die Lehre vom Rechtsmißbrauch konnte nur infolge eines tiefgreifenden Wandels in der Auffassung von den Individualrechten
entstehen[4]. Lange Zeit hindurch glaubte man, daß jedes Individuum irgendwie der Mittelpunkt eines geschlossenen Herrschafts-
bereichs sei, in dem es als souveräner Herr schalten und walten
könne unter der einzigen Bedingung, daß es die Gesetze und sonstigen
Vorschriften achte. Bei dieser Betrachtungsweise ist ein Gesetzesmiß-
brauch nicht denkbar. Die neue Rechtsfigur kam erst auf, als die
gesellschaftlichen Beziehungen sich verdichteten und als man anfing,

---

[4] Man findet schon in Rom Ansätze zu dieser Theorie. Der große Rechtsgelehrte Celsus (2. Jh. n. J. Chr.) schrieb: *„Malitiis non est indulgendum."*
(Handlungen aus Bosheit muß man mit Strenge begegnen.)

sich der gegenseitigen Beeinflussung aller Menschen und dessen, was man mit einem Ausdruck aus der Rechtssprache ihre Solidarität genannt hat, bewußt zu werden. Man sah sich seitdem veranlaßt zuzugeben, daß die Ausübung eines Rechts, und sei dieses noch so absolut, nicht in böswilliger Absicht geschehen darf. Fortschrittlicher als wir in dieser Beziehung, betrachteten die Chinesen schon lange Zeit vorher jeden mit Mißbilligung, der sein Recht bis zur Neige auskostete. Man sieht sofort, wie diese Theorie, die von der französischen Rechtsprechung seit Beginn dieses Jahrhunderts in ziemlich weitem Umfang anerkannt wurde, geeignet ist, die Macht des Auslegenden und besonders des Richters zu mehren. Es genügt nicht, daß eine Person ein Recht hat, um im Prozeß zu gewinnen; sie darf darüber hinaus ihr Recht auch nicht mißbraucht haben, und das ist eine Frage, die der Beurteilung durch die Gerichte unterliegt. Die Mittel, über die die Gerichte verfügen, sind also alles andere als unbedeutend. Sie haben nicht gezögert, davon Gebrauch zu machen, und sie haben unserem Recht zu beachtlichen Fortschritten verholfen, die ihrerseits wieder Ausdruck der schöpferischen Kraft der Rechtsprechung sind. Ich beschränke mich darauf zu sagen, daß die Gerichte, eine gesetzliche Regelung vorwegnehmend, die Lebensversicherung eingeführt haben, die Unveräußerlichkeit der eingebrachten Fahrhabe, die Legitimierung der in Blutschande gezeugten Kinder, und daß sie viele andere nützliche Reformen durchgeführt haben.

Angesichts dieser fruchtbaren Tätigkeit der Rechtsprechung hat man sich fragen können, ob man nicht auf dem eingeschlagenen Weg fortschreiten und dem Richter wenigstens stillschweigend gestatten solle, das Gesetz mehr der Billigkeit als dem Text gemäß auszulegen.

Die Frage wurde im letzten Jahrzehnt des 19. Jahrhunderts öffentlich diskutiert anläßlich von Urteilen des sehr ehrenwerten Richters Magnaud, des Präsidenten des Tribunals von Château-Thierrey. Seine Entscheidungen, geprägt vom Geist tiefer Menschlichkeit, haben ihm den Ehrennamen „guter Richter" eingetragen. Dennoch bleibt festzustellen, daß viele von ihnen sich zu sehr von den Texten, selbst wenn man diese sehr weit auslegte, entfernten, und bei dieser Gelegenheit wurde die Frage des Subjektivismus auf dem Gebiete der Rechtsprechung diskutiert. Dieses Problem ist uralt und wird niemals gelöst werden. Es entsteht aus dem unentrinnbaren Widerstreit zwischen den notwendig starren Texten und dem Fluß des gesellschaftlichen Lebens. Soll man in der Hoffnung auf höhere Einzelfallgerechtigkeit die Texte abschaffen, auf daß die dem Richter gelassene Freiheit der Auslegung wiederkehre? Hier wäre meiner Ansicht nach das Heilmittel schlimmer als das Übel, denn der Richter, befreit vom Zügel des Gesetzestextes, würde dazu verführt, nach seinen politischen, philosophischen oder religiösen Überzeugungen zu entscheiden, und derselbe Rechtsstreit liefe Gefahr, verschiedene Lösungen zu finden, je nachdem, ob man die Sache vor dieses oder jenes Gericht brächte. Das wäre eine abscheuliche Geschichte und würde das Vertrauen, das die Öffentlichkeit der Justiz im großen und ganzen noch entgegenbringt, erschüttern. Darüber hinaus wäre diese Lösung entschieden undemokratisch, denn sie würde darauf hinauslaufen, daß der Richter nicht nur theoretisch, sondern tatsächlich Gesetzgebungsgewalt erhielte, denn das Gesetz gilt nur, soweit es angewendet wird. Es ist aber ein heilsamer Grundsatz, daß das Gesetz von der Gesamtheit der Staatsbürger ausgearbeitet wird und nicht von einem Berufsstand, welches auch seine technischen Fähigkeiten seien. Im übrigen hat man in der Vergangenheit Erfahrungen mit einer zu großen Unabhängigkeit der Richter gegenüber den Gesetzestexten gesammelt, und es haben sich keine allzu guten Ergebnisse gezeigt. Unter dem Ancien Régime schrie das Volk: „Gott befreie uns von der Billigkeitsrechtsprechung der Parlamente!" und verlangte eine einheitliche und auf soliden Grundlagen beruhende Rechtsprechung für das gesamte Königreich. Die Starrheit einer solchen Rechtsprechung durch eine gewisse Freiheit in der Auslegung zu mildern, das ist meiner Ansicht nach die beste Lösung.

III. Die Juristik[1]

Wenn man einen Juristen fragt: „Ist das Recht eine Wissenschaft oder eine Kunst?", dann wird er mit großer Wahrscheinlichkeit antworten: „Es ist beides zugleich." Das Recht ist eine Kunst — die Kunst des Guten und des Gerechten, sagte der alte Rechtsgelehrte Celsus —, und die Aufgabe des Juristen besteht hauptsächlich darin, die gesellschaftlichen Beziehungen zu verbessern, indem er sachgemäße Vorschriften formuliert und sie auf die gerechteste Art und Weise anwendet. Es ist aber auch eine Wissenschaft, denn das Recht beschränkt sich nicht darauf, Vorschriften aufzustellen, sie auszulegen, Streitfälle zu lösen: es setzt sich auch zur Aufgabe, die Rechtstatsachen zu ordnen, Theorien zu entwickeln und Grundsätze auszuarbeiten. Dieses Unternehmen erfordert lange und beharrliche Untersuchungen, und die Rechtstheoretiker, die sich ihm widmen, sind denkbar weit von einem engen Pragmatismus entfernt.

Und doch, reicht das aus, um ihm den Rang einer Wissenschaft zuzuerkennen? Man kann es bezweifeln. Um die Frage zu entscheiden, muß man m. E. von der wohlbekannten Unterscheidung zwischen den reinen und den angewandten Wissenschaften ausgehen. Zweifellos ent-

---

[1] Auszug aus den ‚Cahiers internationaux de Sociologie', Bd. VIII, 1950.

hält diese Unterscheidung etwas Willkürliches, aber von welcher Unterscheidung kann man das nicht sagen? Was die reinen von den angewandten Wissenschaften trennt, das ist nicht die Schwierigkeit, die Größe der zu leistenden Anstrengungen, das ist nicht einmal die Methode, die im einen wie im anderen Fall gleich streng sein kann. Das ist vielmehr die Tendenz oder, wenn man so will, der Geist, in welchem die Untersuchungen vorgenommen werden. Bei der angewandten Wissenschaft — um jedes Mißverständnis zu vermeiden, sage ich lieber „Technik" — richten sich die Bemühungen auf die Lösung eines Problems mit mehr oder weniger unmittelbarem praktischem Nutzen, während die Wissenschaft im eigentlichen Sinn, oder die „reine" Wissenschaft, sich in keiner Weise um den praktischen Nutzen ihrer Forschungen kümmert. Der Wissenschaftler bildet sich nicht ein, irgendwelchen Einfluß auf das gesellschaftliche Leben zu haben. Vielleicht kann er aus seinen Arbeiten Nutzanwendungen von praktischem Interesse ziehen. Darüber freut er sich als Mensch; als Wissenschaftler kümmert es ihn nicht. Seine Tätigkeit ist ihrem Wesen nach Selbstzweck. Er arbeitet nicht zum Wohle der Menschheit, sondern „zur Ehre des menschlichen Geistes".

Diese Vorstellung von der „Wissenschaft um der Wissenschaft willen" mag manchem ein wenig überspitzt und starr erscheinen. Ich glaube jedoch, daß man strikt daran festhalten muß, denn man verfälscht unvermeidbar die wissenschaftliche Forschung, wenn man sie mit einem Hintergedanken, so anerkennenswert er auch sein mag, vornimmt. Der Wissenschaftler muß sich dem ausschließlichen Dienst an der Wahrheit widmen.

Geht man von diesem Unterscheidungsmerkmal aus, dann wird man mir ohne weiteres zugeben, daß das Recht in den meisten Fällen eine Technik ist und nicht eine Wissenschaft, denn die Arbeit der Juristen ist im allgemeinen auf die Lösung praktischer Schwierigkeiten, wie sie das soziale Leben ununterbrochen mit sich bringt, gerichtet. Um dieser Schwierigkeiten Herr zu werden, wird man mitunter auch Anstrengungen theoretischer Art unternehmen müssen, und damit wird es besonders schwierig, die Wissenschaft von der Technik zu unterscheiden. Aber die Existenz von Grenzbereichen schließt nicht aus, daß zwei Länder je ihre besondere Eigenart haben. Genauso unterscheidet sich die Wissenschaft von der Technik durch den völlig zweckfreien Charakter der Forschung und demgemäß durch die völlige Freiheit, die dem Wissenschaftler bei der Auswahl und Durchführung seiner Arbeiten gelassen wird.

Die Juristen werden in ihrer großen Mehrzahl ohnehin bestreiten, daß eine solche Vorstellung von der Wissenschaft auf ihr Fach anwend-

bar sei. Sie werden sagen — und sie haben es schon gesagt[2] —, daß es
eine so verstandene Rechtswissenschaft nicht geben könne, denn das
Recht habe, im Gegensatz zu anderen Phänomenen, selbst zu gesellschaftlichen Erscheinungen wie der Sprache, die Eigentümlichkeit,
zwingende Vorschriften zu bilden, Normen, die allen auferlegt sind.
Es handele sich nicht um das, was ist, sondern um das, was sein solle.
Wir sind, wie die Deutschen sagen, im Bereich des Sollens und nicht
des Seins. Diese besondere Eigenheit des rechtlichen Sachverhalts ent-
rücke ihn wissenschaftlicher Untersuchung. — Liegt hier nicht ein
Mißverständnis vor? Niemand bestreitet den normativen Charakter
rechtlicher Vorschriften; das ist aber kein Hindernis für die Schaffung
einer Wissenschaft, die sich diese Vorschriften zum Gegenstand nimmt.
Für den Wissenschaftler ist die heute verbindliche Norm nicht von
anderer Natur als die der Gesellschaften der Antike oder die der nicht
zivilisierten Völker. Zweifellos gibt es keine normative Wissenschaft,
und es kann sie auch nicht geben: Die beiden Begriffe widersprechen
einander. Aber es ist nicht ersichtlich, mit welcher Begründung man
die normativen Sachverhalte der wissenschaftlichen Forschung entziehen sollte, wenn doch selbst die Religionen, deren Vorschriften in
den Augen ihrer Anhänger ein viel größeres Ansehen genießen, Gegenstand von Untersuchungen höchst wissenschaftlicher Art sind.

Erst recht werden jede Theorie, die im Recht eine Wissenschaft sieht,
jene Juristen — und sie sind zahlreich — bekämpfen, die Anhänger
eines mehr oder weniger verweltlichten Naturrechts sind. Indem sie
als erwiesen ansehen, daß die Menschheit sich bemüht, ein vorgegebenes
Ideal zu verwirklichen, messen sie rechtliche Erscheinungen an Grundsätzen, die sie als höherrangig und überirdisch ansehen. Es versteht
sich von selbst, daß sich eine derartige Haltung mit der unvoreingenom-
menen Beobachtung, dem ersten Gebot für einen Wissenschaftler, nicht
vereinbaren läßt.

Am anderen Ende stehen die Positivisten. Diese werden einwerfen,
die juristischen Erscheinungen seien vielgestaltig und außerordentlich
wandelbar. Es zeige nicht allein jede Gesellschaft auf rechtlichem Gebiet
einen eigenständigen Charakter, sondern dieser Charakter wandele sich
selbst wieder je nach den Umständen. Das Recht sei eine Frage des
„Meinens", und nichts sei flüchtiger, nichts weniger leicht zu fassen.
Das Recht könne also gar nicht Gegenstand der Wissenschaft sein.

Hier liegt ein Irrtum vor, entschuldbar für die Juristen aufgrund ihrer
individualistischen Fachausbildung. Für viele von ihnen ist das Recht
nichts anderes als die Kundgabe einer Meinung. Die rechtliche Vorschrift

---

[2] Vgl. *Roubier*, Théorie générale du Droit, S. 127: „Man darf nicht vergessen, daß das Recht keine erklärende Wissenschaft ist, sondern eine normative Wissenschaft."

drücke den Willen des Gesetzgebers oder, besser, den einer Mehrheit aus. Von diesem Standpunkt aus ist tatsächlich jede Rechtswissenschaft unmöglich. „Ohne deshalb willkürlich zu sein, sind diese Vorschriften doch jedenfalls unvorhersehbar, und sie sind nicht nur untereinander, sondern auch mit den anderen sozialen Sachverhalten lediglich durch ein feines Band verknüpft. Man kann sie nur feststellen, analysieren und den besten Nutzen daraus ziehen."

Renan sagte von einigen seiner Gegner, es gereiche ihnen zum Nachteil, daß sie nicht gebetet hätten. Man kann entsprechend von vielen Juristen sagen, es gereiche ihnen zum Nachteil, daß sie keine Soziologie getrieben haben. In Berührung mit diesem Fach hätten sie begriffen, daß die sozialen Erscheinungen soziale Ursachen haben und daß die Rechtsvorschriften, da sie Gruppen- und nicht Individualäußerungen sind, eine Gegenständlichkeit besitzen, die sie wissenschaftlicher Untersuchung zugänglich macht. Zweifellos sind die Gesetze und die Regeln des Gewohnheitsrechts zahlreich und mannigfaltig, sie entspringen aber nicht der Laune eines oder mehrerer Menschen. Sie sind der Ausdruck eines Kollektivwillens, der dem Determinismus unterliegt und der folglich nicht anders sein kann als er ist.

Wenn man es recht überlegt, ist das Recht die gesellschaftliche Erscheinung im wahrsten Sinne des Wortes. Mehr als die Religion, mehr als die Sprache, mehr als die Kunst enthüllt es die innerste Natur der Gruppe. Wenn jemand eine Gesamtheit kennenlernen will, muß er unter den urkundlichen Auskunftsmitteln zuallererst die Gesetze zu Rate ziehen oder, genauer gesagt (denn die Gesetze vermitteln oft eine falsche Vorstellung vom Rechtsleben eines Volkes), die Art, wie die Gesetze angewendet werden. Die Rechtsnormen eines Landes sind ein Spiegel seiner Wünsche und Ziele sowie des Verhältnisses der Kräfte, die dabei im Spiele sind. Kluge Schriftsteller haben das wohl erkannt, und das ist einer der Züge, die dem Werke eines Balzac seinen Wert verleihen.

In jenen Sozialfakultäten, von denen Bouglé träumte und die wir in Frankreich niemals erleben werden, weil man dafür zu viele Traditionen über Bord werfen müßte, die aber vielleicht in irgendeinem jungen Land errichtet werden, wird die Rechtswissenschaft den zentralen Platz einnehmen müssen, gefolgt von der Ethologie (der Wissenschaft von den Sitten und Gebräuchen), der Volkswirtschaftslehre, der Sprachwissenschaft, der Sozialgeographie usw. Von allen diesen Wissenschaften gibt das Recht am zuverlässigsten das Verhalten des sozialen Verbandes wieder, denn seine ureigenste Aufgabe ist es, die Beziehungen zwischen dessen Mitgliedern zu regeln.

Da das Recht ein sozialer Gegenstand ist und da es nicht von individuellen, unfaßbaren Launen abhängt, sondern von durchaus beobachtbaren und bis zu einem gewissen Grade berechenbaren Umständen, ist eine echte Wissenschaft von den rechtlichen Erscheinungen möglich. Ich will damit sagen, daß man über das Stadium der Beobachtung hinaus zu dem der Erklärung kommen kann. Sicherlich bleibt die Beobachtung die wesentliche Grundlage, aber sie muß ergänzt und in gewisser Weise befruchtet werden durch den Vergleich mit gleichartigen Erscheinungen aus entsprechend ausgewählten anderen Gruppen. Darüber hinaus muß man die Rechtstatsachen mit sozialen Sachverhalten verschiedenster Art, die ihre Entstehung oder Entwicklung begleiten, in Beziehung setzen. In einer sozialen Gruppe hängt alles zusammen, und nur aus Gründen der leichteren Handhabung und der Methode unterscheidet man rechtliche von moralischen, religiösen, wirtschaftlichen usw. Sachverhalten. Sie wirken alle aufeinander ein, und allein die Untersuchung ihrer wechselseitigen Einflüsse erlaubt, sie zu erklären. Lange Zeit hat sich das Recht — das Technikern vorbehalten war, die eifersüchtig über dieses Monopol wachten — abseits von den anderen sozialwissenschaftlichen Disziplinen gehalten. Es wird Zeit, daß man es aus seiner vielleicht glänzenden, aber sicher unfruchtbaren Isolierung befreit. Wenn das Recht eine Wissenschaft werden will, dann darf es keinen einzigen Faktor seiner Entwicklung vernachlässigen.

Das sind, ganz kurz zusammengefaßt, die Gründe, die für die Schaffung einer wirklichen Rechtswissenschaft streiten. In welchem Maße gibt es sie bereits? Hier muß man den Irrtum vermeiden, zu dem die Verkennung der Erfordernisse einer echten Wissenschaft geführt hat. Man sagt üblicherweise, die Römer hätten die Rechtswissenschaft begründet. Das ist ein Irrtum. Die römischen Rechtsgelehrten waren unvergleichliche Techniker; sie haben weit über die Einzelfälle hinausgedacht, die ihnen unterbreitet wurden. Sie haben das juristische Denken vervollkommnet und Kategorien geschaffen, von denen wir heute noch zehren, aber sie haben nicht im geringsten jenen wissenschaftlichen Geist besessen, den ich oben kurz zu umschreiben versucht habe. Vor allem Männer der Praxis, haben sie sich nicht die Mühe gemacht, die Natur der rechtlichen Einrichtungen und die Gesetzmäßigkeiten ihrer Aufeinanderfolge zu untersuchen. Angaben historischer Art findet man selten in ihren Schriften, und sie sind viel mehr Anekdote als Ergebnis wissenschaftlicher Forschung. Was die Vergleichung anbetrifft, so beschränkt sie sich im wesentlichen auf ein einziges Werk, das wahrscheinlich als eine Art Rechtfertigungsschrift verfaßt wurde[3].

Erst im 18. Jahrhundert kommt die Idee auf, daß die rechtlichen Erscheinungen genau wie die Naturerscheinungen bestimmten Gesetzmäßigkeiten gehorchen. Hierfür ist der Eingangssatz, den Montesquieu

---

[3] Die „Collatio legum mosaicarum et romanarum".

auf die Titelseite seines Hauptwerkes gesetzt hat, außerordentlich
bezeichnend. „Die Gesetze", sagt er, „sind die notwendigen Beziehungen, die sich aus der Natur der Dinge ergeben." Zweifellos kann man
sich fragen, in welchem Sinne er das Wort „Gesetz" versteht, und
nichts beweist, daß es in diesem Satz einen juristischen Sinn hätte;
aber allein die Tatsache, daß dieses Axiom als Leitspruch einem Werk
voransteht, das der vergleichenden Untersuchung der verschiedenen
Gesetzgebungen gewidmet ist, zeigt die deterministischen Neigungen
seines Verfassers.

Montesquieus Aufruf verhallte zunächst ungehört. Es würde zu weit
führen, wollte man erklären, warum, oder wollte man zeigen, wie selbst
Savignys historische Schule während des größten Teils des 19. Jahrhunderts zugleich Helfer und Hindernis für die Entstehung der Rechtswissenschaft war. Dennoch vermittelt die historische Methode — mehr
und mehr von der vergleichenden Methode begleitet — den heutigen
Rechtshistorikern ein Gefühl für die Wirklichkeit und für die Gegenständlichkeit der rechtlichen Erscheinungen. Noch sind sich zahlreiche
Rechtshistoriker, da sie keine Soziologen sind, nicht der Bedeutung ihrer
Untersuchungen bewußt, und nach dem Vorbild anderer Historiker
begnügen sie sich mit bloßer Gelehrsamkeit. Ich schätze das nicht gering.
Eine genaue Kenntnis der Quellen und eine scharfe Textkritik sind
unerläßliche Voraussetzungen für jede rechtsgeschichtliche Untersuchung. Aber der Rechtshistoriker, der sich darauf beschränkt, hat nur
einen Teil seiner Aufgabe erfüllt und läßt den interessanteren, zugleich
allerdings schwierigeren Teil beiseite: die konstruktive Untersuchung
der Institutionen. Es ist nichtsdestoweniger richtig, daß im allgemeinen
diejenigen, die sich der Rechtsgeschichte widmen, weil sie zugleich
Historiker und Juristen sind, von echtem wissenschaftlichem Geist
durchdrungen sind.

Kann man dasselbe von der Mehrzahl der Zivilrechtler, Öffentlichrechtler oder selbst der Rechtsvergleicher sagen? Um offen zu sein, ich
glaube es nicht. Nicht, um das noch einmal zu betonen, daß sie weniger
aufgeschlossen, weniger geeignet wären, juristische Theorien zu kon-
struieren, sondern weil ihre Tätigkeit zumeist auf die Lösung praktischer Schwierigkeiten gerichtet ist. In dem Maße, in dem ihre Bemühungen in diese Richtung gehen, sind sie Techniker und keine
Wissenschaftler im eigentlichen Sinne des Wortes. Um jedes Mißverständnis auszuschließen, sollte man der Rechtswissenschaft vielleicht
einen Namen geben. Alle Wissenschaften, oder fast alle, haben den
ihren. Da die Bezeichnung „Rechtswissenschaft" mehrdeutig sein
kann und da mir kein anderes vorhandenes Wort zu passen scheint,
sollte man ein neues bilden. Ich schlage den Ausdruck „Juristik" vor,
der nicht so plump und pedantisch klingt wie „Nomologie" oder

„Themistologie", an die man auch denken könnte. „Juristik" ist ähnlich gebildet wie „Linguistik" und kann von allen verstanden werden, selbst von denen, die kein Griechisch können.

Der Gegenstand der Juristik ergibt sich aus den vorstehenden Ausführungen und läßt sich in wenigen Worten zusammenfassen. Es ist die Untersuchung der Rechtstatsachen um ihrer selbst willen und ohne praktische Zielsetzung. Diese Änderung in der geistigen Einstellung zieht eine sehr bedeutende Konsequenz nach sich. Die Forschung befaßt sich nicht — wenigstens nicht hauptsächlich — mit den Rechtssystemen, wie es die nationalen Rechte, etwa das französische Recht, das deutsche Recht, das angelsächsische Recht usw. sind. Diese nationalen Rechtsordnungen zeigen meistens weder Einheitlichkeit noch Zusammenhang. Sie sind in der Mehrzahl künstliche Schöpfungen. Von größtem Nutzen in praktischer Hinsicht, können sie der wissenschaftlichen Forschung im allgemeinen nicht als Grundlage dienen. Nur ausnahmsweise kann ein Rechtssystem wegen seiner organischen Einheit Gegenstand eines eigenen Fachgebiets sein. Das gilt zum Beispiel für das römische und für das kanonische Recht. Im allgemeinen beschäftigt sich die Juristik aber mit den *Institutionen* und untersucht sie mit aller methodologischer Behutsamkeit in ihren verschiedenen Aspekten, gleichgültig, in welcher gesellschaftlichen Gruppe sie sich finden.

Die Methode der Rechtswissenschaft wird zugleich juristisch, historisch, vergleichend und soziologisch sein. Juristisch, denn die zu untersuchenden Erscheinungen sind rechtliche Erscheinungen, und nur ein Jurist ist imstande, sie zu beobachten, ihre Natur und ihre Tragweite richtig zu würdigen. Jeder Forscher auf diesem Gebiet, der nicht solides technisches Wissen besitzt, würde sich der Gefahr schwerer Irrtümer aussetzen. Der Sinn für das Recht ist nicht ein angeborener Instinkt; man erwirbt ihn durch wissenschaftliche Arbeit an den Problemen, die das gesellschaftliche Leben aufwirft. Ich kann nicht genug betonen, wie notwendig es für den Forscher ist, zuerst und vor allem Jurist zu sein.

Da aber der Gegenstand seiner Forschung die Untersuchung von Institutionen ist, darf er sich selbstverständlich nicht auf die Gegenwart beschränken. In den Augen der Wissenschaft genießt das geltende Recht kein Privileg gegenüber früheren Rechten. Die Sklaverei verdient genau dasselbe Interesse wie die Aktiengesellschaft. Darüber hinaus ließe sich keine der zeitgenössischen Einrichtungen verstehen, wären nicht ihre Vorgänger, die Bedingungen ihrer Entstehung und Entwicklung bekannt.

Wir wollen aber doch festhalten, daß der Juristiker die institutionellen Erscheinungen, die er zum Gegenstand seiner Untersuchung machen wird, nicht ganz unter demselben Blickwinkel wird betrachten können,

wie es der „historisierende" Historiker zu tun gewöhnt ist. Gerade
weil er Jurist ist, wird er der reinen Chronologie weniger Bedeutung
beimessen als jener, und er wird in bestimmten Fällen Schlüsse aus
der Gegenwart auf die Vergangenheit ziehen können. Außerdem wird
sein Quellenbegriff weiter sein; er wird alles umfassen, was irgendwie
uns informieren kann, ohne daß dabei dem geschriebenen Text ein Vor-
rang zukäme. Schließlich und vor allem wird seine Vorstellung von
der Wahrheit in vielen Fällen anders sein als die des „reinen" Historikers. Dieser untersucht, was wirklich geschehen ist, und er wird
versucht sein, unechte Dokumente und gelungene Fälschungen als
wertlos zu übergehen. Der Juristiker dagegen wird feststellen, daß
sehr häufig „die Legende wahrer ist als die Geschichte", denn ihre
Verbreitung, ihr Erfolg sind das sichere Anzeichen eines gesellschaftlichen Bedürfnisses, dessen Befriedigung sie dient. — Welches auch die
Unterschiede sein mögen, die historische Methode bildet die Grundlage
reiner Forschung. Ein Jurist — das verlangte schon Savigny — kann
nicht darauf verzichten, Historiker zu sein.

Ich füge hinzu, daß er außerdem Vergleicher sein muß, denn wenn man
es recht bedenkt, gibt es unter dem Gesichtspunkt, der uns beschäftigt,
keinen Unterschied zwischen Raum und Zeit. Es ist ziemlich gleichgültig, ob eine Institution in der Vergangenheit im eigenen Land
existierte oder ob sie sich jetzt irgendwo im Ausland findet. Ihre
Natur wird dadurch nicht im geringsten geändert. Worauf es ankommt,
das ist die Untersuchung der Institution selbst und nicht der Ort oder
die Zeit, zu der sie in Kraft ist. Das soll nicht heißen, ich beeile mich
es hinzuzufügen, daß die Begleitumstände nicht ganz genau beobachtet
werden müßten, und das veranlaßt mich, eine vierte und letzte Forderung hinsichtlich der Methode zu formulieren. Der Juristiker muß
Soziologe sein, d. h. er darf niemals den gesellschaftlichen Charakter der
Erscheinungen, die er untersucht, vergessen und ebensowenig den
Zusammenhang, in dem sie mit den anderen gesellschaftlichen Erscheinungen stehen.

Die logische Folgerung aus dieser Auffassung von der Rechtswissenschaft wird die Schaffung einer Rechtsfakultät sein (oder eines Instituts
für Rechtsforschung), in der dieser wahrhaft höhere Unterricht erteilt
wird, der bei uns im Augenblick nur in einigen Vorlesungen für
Doktoranden gegeben wird. In dieser hohen Bildungsanstalt werden
nicht nur die Normen des französischen Rechts untersucht werden,
sondern die Rechtsinstitute, die man übrigens, da es keinen triftigen
Grund für eine Änderung gibt, in ihrer traditionellen Aufgliederung
belassen kann: Zivilrecht, Handelsrecht, Strafrecht, Verfassungsrecht,
internationales Recht usw. Der Unterricht in diesen Materien würde
von Lehrern gegeben, die sich auf einen dieser Zweige zu spezialisieren

hätten (Zivilrechtler, Handelsrechtler, Strafrechtler, Öffentlichrechtler usw.), die aber darüber hinaus eine solide Ausbildung als Historiker und Vergleicher besitzen müßten. Es versteht sich von selbst, daß die Rechtshistoriker, Romanisten und Kanonisten hier einen sinnvollen Platz finden könnten. Befähigter als andere, die Rechtserscheinungen aus wissenschaftlicher Sicht zu betrachten, würden sie hier gewissermaßen die Rolle von Pionieren spielen.

Ein Einwand läßt sich erheben, dessen Bedeutung ich nicht verkenne. Man kann sagen: „Ist es nicht gefährlich, die Praxis, wie Sie es anscheinend tun wollen, von der Wissenschaft zu trennen? Beide sind eng miteinander verzahnt; sie leisten einander wechselseitige Dienste; die eine kann ohne die andere nicht bestehen. Wäre es deshalb nicht nützlich, wenn sie von denselben Lehrern unterrichtet würden?"

Lassen wir die Frage der Räumlichkeit dahingestellt, denn sie ist zweitrangig. Ich für mein Teil sehe keine unüberwindliche Schwierigkeit darin, daß ein Lehrer der Rechtswissenschaft sich persönlich für die praktische Anwendung seiner Untersuchungen interessiert oder gar finanziellen Nutzen daraus zieht, wie es so viele andere Wissenschaftler, Chemiker, Physiker, Biologen usw. tun. Ist es ratsam, dem Gelehrten in dieser Hinsicht völlige Freiheit zu lassen, oder soll man ihm statt dessen gewisse bezahlte Tätigkeiten als unvereinbar mit seinem Beruf untersagen? Es scheint, daß die Rechtsfakultät von Paris mehr zu dieser letzteren Lösung neigt, denn sie verlangt traditionell, daß ihre Mitglieder sich nicht bei der Anwaltskammer einschreiben lassen.

Auf jeden Fall ist es, selbst wenn man die Verbindungen zwischen der Wissenschaft und der Technik aufrechterhält oder verstärkt, wesentlich, daß man zwischen beiden eine deutliche Scheidung vornimmt, genauso wie bei demselben Menschen eine echte Zweiteilung stattfindet und seine Geisteshaltung eine andere ist, je nachdem, ob er Untersuchungen um ihrer selbst willen durchführt oder ob er Nutzanwendungen daraus zu ziehen versucht. Da jeweils unterschiedliche Eigenschaften im Spiel sind, wird zumeist ein Interesse daran bestehen, daß Forschung und Auswertung von verschiedenen Personen vorgenommen werden. Aber das ist, wie gesagt, nur eine Nebensächlichkeit.

Dagegen muß die Unterscheidung an sich so deutlich wie möglich festgehalten werden. Ohne sie liefe nicht nur die Rechtswissenschaft Gefahr unfruchtbar zu werden, sondern sie riskierte auch, sich politischen Strömungen untergeordnet zu sehen. Aufsehenerregende Auseinandersetzungen haben erst in jüngster Vergangenheit gezeigt, daß nicht einmal die biologischen Wissenschaften dem Diktat eines totalitären Staates entgehen. Nachdem die unglückliche Vererbungslehre in einigen Ländern im Namen der Bibel einer antidarwinistischen Zensur aus-

gesetzt war, scheint sie jetzt bei den marxistischen Theorien Anstoß
zu erregen. Bei den Wissenschaften vom Menschen sind staatliche Ein-
griffe noch viel stärker zu befürchten. Gerade hier braucht der Gelehrte
allergrößte Sicherheit, allergrößte Ruhe. Bei seiner Forschungsarbeit
muß er sich jeder nicht sachbedingten oder gar utilitaristischen Erwägung enthalten, und er darf auf nichts anderes sehen als auf die
Wahrheit. Im übrigen hat selbstverständlich der Staat seinerseits die
Pflicht, soweit wie möglich die wissenschaftlichen Ergebnisse zu nutzen,
um das Wohlergehen seiner Bürger zu verbessern. Die Lösung für die
Erfüllung dieser scheinbar miteinander unvereinbaren Forderungen
liegt in der Trennung von Wissenschaft und Technik. Wenn die politische
Gewalt peinlichst davon absehen muß, den Wissenschaftlern bei ihrer
eigentlichen wissenschaftlichen Arbeit Vorschriften zu machen, so
handelt der Staat im Rahmen seiner ureigensten Kompetenz, wenn er
den Wissenschaftlern Probleme zur Lösung vorlegt, die zu einer Verbesserung der menschlichen Lebensbedingungen führen können. Der
Staat darf und soll auf die Technik, auf die Anwendung der Wissenschaft Einfluß nehmen. Auf dem Gebiet des Rechts insbesondere wird
er alles verwerten, was die Untersuchungen der Juristiker an brauch-
baren Nutzanwendungen für die rechtlichen Institute ergeben, sei es,
daß es sich um die Auslegung oder Anwendung geltender Vorschriften
handelt, sei es, daß es im Gegenteil darum geht, sie abzuschaffen und
durch neue zu ersetzen, die den veränderten Bedingungen einer in
stetigem Wandel begriffenen Gesellschaft angemessener sind. Allein
die Aufteilung in Wissenschaft und Technik garantiert dem Rechts-
wissenschaftler die unerläßliche vollkommene Unabhängigkeit.

Für eine derartige Forschung, wie sie hier nur umrißhaft in ihrem
Gegenstand, in ihrer Methode und in ihrer Lehre skizziert wurde,
werden Mitarbeiter nicht fehlen, denn es gibt auf allen Rechtsgebieten
Juristen, die bereit sind, sich solchen Untersuchungen zu widmen. Im
Augenblick sind unsere Rechtsfakultäten infolge ihrer Doppelfunktion
als Hohe Schulen der Technik und als wissenschaftliche Einrichtungen
etwas überfordert[4]. Man würde ihnen vielleicht einen Dienst erweisen,
unterstriche man diese Zweispurigkeit und versuchte man die Miß-
verständnisse auszuräumen, die sie notwendig hervorruft. Vielleicht
muß man das Wort Juristik schaffen, um diese ungeschiedenen und
deshalb unsicheren und unwirksamen Richtungen gewissermaßen zu
katalysieren. Das Schicksal dieses kleinen Wortes wird schließlich von
der Entwicklung dessen abhängen, was es bedeuten will. Im übrigen,
wenn auch der Name nicht ohne Interesse ist, so ist es doch die Sache,
auf die es ankommt. Es lebe also die Wissenschaft vom Recht; sie werde

---

[4] Genauso steht es vielleicht, mutatis mutandis, mit den medizinischen
Fakultäten.

sich ihrer Bedeutung bewußt, sie vervollkommne ihre Methoden, und eine immer zahlreichere, immer eifrigere Jugend widme sich der zweckfreien Erforschung des Rechts, um die Gesetze zu entdecken, die die Gesetze beherrschen.

IV. Die Rechtsquellen[1]

„Convenances vainquent loix."
Loisel

Das Problem der Quellen ist, man hat es oft genug gesagt, eines der bedeutendsten der Rechtstheorie. Je nach der Lösung, die man ihm gibt, kann die Orientierung des Rechts grundverschieden sein. Aber die Lösung ist selbst wieder engstens mit der Vorstellung verbunden, die man sich vom Recht im allgemeinen macht. Es ist deshalb unerläßlich, zunächst zu dieser Vorfrage Stellung zu nehmen.

Unzählig sind die Definitionen des Rechts, aber es gibt wenige, die von einem ausgesprochen soziologischen Standpunkt ausgehen. Die Juristenschaft, als Ganzes genommen, weigert sich noch immer anzuerkennen, daß — was eigentlich in die Augen springt — das Recht wesensmäßig ein soziales Phänomen ist und daß es nicht verstanden werden kann, wenn man darauf beharrt, es wie im 19. Jahrhundert aus dem Blickwinkel der Individualpsychologie zu betrachten. Dagegen wird alles klar, wenn man mit der französischen soziologischen Schule einräumt, daß die Gruppe eine von ihren Mitgliedern verschiedene Person ist und daß diese Kollektivperson nicht weniger mit Willen begabt ist als die Individuen. Das Recht ist nichts anderes als der Ausdruck dieses Kollektivwillens. Es kann keine Rechtsnormen für ein vereinzeltes Individuum geben. Schließlich ist ein vereinzeltes Individuum ein Gedankengebilde, das nicht der Wirklichkeit entspricht: Der Mensch kann nur in Gesellschaft leben, und dieses Zusammenleben zwingt ihm gebieterisch gewisse Verhaltensweisen gegenüber den anderen Mitgliedern seiner Gruppe wie gegenüber allen anderen Menschen auf. Diese Verhaltensweise ist genau das, was man Recht nennt. Wir kommen damit zu folgender Definition: „Das Recht ist die Gesamtheit verbindlicher Regeln, die die gesellschaftlichen Beziehungen in der Weise bestimmen, wie sie sich der Kollektivwille der Gruppe jeweils vorstellt."

Diese Definition gibt uns schon eine sehr genaue Auskunft auf die Frage nach den Rechtsquellen: Die Rechtsnormen entspringen dem Willen der Gruppe. Das ist der entscheidende Grundgedanke, der die

---

[1] Auszug aus: L'Année Sociologique, Paris, P.U.F., 1953.

gesamten folgenden Erörterungen beherrscht. Aber die Formel muß natürlich präzisiert werden.

Die erste Frage, die sich dabei stellt, ist die: Angenommen, das Recht rührt von der Gruppe her, um welche Gruppe handelt es sich? Die menschlichen Gemeinschaften sind ihrer Art und ihrem Umfang nach außerordentlich zahlreich und unterschiedlich. Sind alle diese Gruppen berechtigt, Rechtsnormen auszubilden? Oder ist es sachgerecht, einigen von ihnen das Monopol dafür vorzubehalten?

Auf diese Frage hat man mehrere Antworten gegeben, und man kann ein wenig verallgemeinernd zwei Schulen unterscheiden: die monistische Schule und die pluralistische Schule. Für die Monisten — zu dieser Schule gehören fast alle Juristen — kann eine einzige Gruppe Recht setzen: das ist der Staat, die politische Gewalt. Für die Pluralisten — in der Mehrzahl Soziologen, zu denen sich einige wenige Juristen gesellen — können Rechtssätze von vielen anderen Gruppen in gleicher Weise hervorgebracht werden, ja man geht so weit, daß man sagt, alle menschlichen Gruppen seien dazu in der Lage. Ich glaube, man kann keiner dieser Theorien folgen; sie scheinen mir beide zu absolut zu sein.

Es ist sicher nicht richtig zu sagen, der Staat allein erzeuge Rechtsnormen. Es genügt, einen Blick auf die Geschichte zu werfen oder auch nur die jetzige Zeit zu betrachten, um sich vom Gegenteil zu überzeugen: Es hat überstaatliches und unterstaatliches Recht gegeben, und es gibt es heute noch.

Als Beispiel für überstaatliches Recht sind in erster Linie die Normen zu nennen, die an eine Religion geknüpft sind. In der Mehrzahl der Fälle deckt sich die Religion nicht mit dem Gebiet eines Staates; sie erstreckt sich über seine Grenzen hinaus. Die religiösen Vorschriften enthalten aber oft neben den Bestimmungen über die Beziehungen zu den überirdischen Mächten echte juristische Vorschriften. Vielleicht ist die Behauptung nicht einmal übertrieben, daß jede Religion versucht, alle gesellschaftlichen Beziehungen zu regeln. Jedenfalls ist, um nur die bekanntesten Beispiele anzuführen, das protestantische wie das katholische Kirchenrecht Ausdruck einer von den politischen Gemeinschaften verschiedenen und entschieden umfassenderen Gemeinschaft, und dasselbe gilt für das mohammedanische Recht.

Im Mittelalter war das Handelsrecht (*ius mercatorum*) eine den Kaufleuten einer großen Anzahl Länder gemeinsame Rechtspraxis. Die Kaufleute befolgten Regeln, die teils von Mund zu Mund weitergegeben wurden, teils schriftlich abgefaßt waren, die aber überwiegend keine Gesetzeskraft durch die öffentlichen Gewalten des Staates, deren Untertanen sie waren, erlangt hatten. Es war in gewisser Hinsicht ein internationales Recht.

Das internationale Recht unserer Zeit sieht etwas anders aus. Manche werden versucht sein, ihm die Bezeichnung als Recht abzusprechen mit der Begründung, daß seine Regeln noch genauer und wirkungsvoller Sanktionen entbehrten. Es handelt sich um ein Rechtssystem im Entstehungsprozeß, das wir unter unseren Augen sich bilden sehen. Jedenfalls wäre es ungenau, es als überstaatliches Recht anzuführen, denn ein echtes überstaatliches Recht verlangt meines Erachtens notwendig die Schaffung eines Überstaates, dessen Ausdruck es dann wäre.

In gleicher Weise hat es unterstaatliche Rechte, d. h. Vorschriften für Gruppen unterhalb des Staates, gegeben, und es gibt sie noch. Man könnte in dieser Hinsicht an Organisationen wie den totemistischen Klan denken, an die römische *gens*, die germanische *Sippe*, und zwar insofern, als sie mehr häusliche als politische Institutionen waren. Ebenso sind im Mittelalter die Landrechte, das Stadtrecht keineswegs immer das Werk der Obrigkeit, und sie bleiben von ihr weitgehend unabhängig[2].

Heutzutage ist es schwierig, die Existenz unterstaatlicher Rechtssätze zu bestreiten. Was seit einem halben Jahrhundert die gesellschaftliche Entwicklung eines Landes wie Frankreich und vieler anderer Länder kennzeichnet, das ist das starke Anschwellen sekundärer, aber außerordentlich bedeutsamer Vereinigungen, deren wichtigste die Berufsgruppen, insbesondere die Gewerkschaften und die Arbeitgeberverbände sind. Hierher gehören auch die außerordentlich zahlreichen Vereinigungen aller Art, die unser öffentliches und privates Leben mit tausend Bindungen durchziehen, angefangen von den politischen Parteien bis hin zu den Sportclubs. Erzeugen diese Gruppen Recht?

Hier sind zwei Vorbemerkungen notwendig. Zunächst, man darf als echte Gruppe nicht eine rein zufällige Ansammlung von Menschen betrachten, etwa eine Menschenmenge oder Personen, die an einem bestimmten Platz versammelt sind, um sich beispielsweise ein Schauspiel anzusehen. Selbstverständlich muß die Gruppe, will sie Vorschriften erlassen, die man als Rechtsvorschriften bezeichnen kann, ein Mindestmaß an Zusammenhalt und Dauer aufweisen. Aber diese notwendige Bedingung reicht nicht aus. Selbst sehr alte Gruppen, die unter ihren Mitgliedern eine sehr strenge Disziplin wahren (die Armee, die Geistlichkeit ...), sind keine Rechtsschöpfer, solange sie sich darauf beschränken, Regeln (oder Regelungen) aufzustellen, die sich zwanglos in den Rahmen der geltenden Gesetzgebung einfügen. Es liegt hier nicht mehr Rechtsschöpfung vor als in den Fällen, in denen eine oder

---

[2] Der Ursprung der örtlichen Gewohnheiten im Europa des 11. und 12. Jahrhunderts bleibt großenteils rätselhaft. Hier genügt es festzustellen, daß sie sich als ungewöhnlich vielgestaltig darbieten und daß ihr Geltungsbereich sich zumeist keineswegs mit den Grenzen eines Staates oder einer Lehnsherrschaft deckt. Die Frage wäre einer genaueren Untersuchung wert.

mehrere Personen Klauseln ihrer Wahl in einen vom Zivil- oder Handelsrecht anerkannten Vertrag aufnehmen. Man kann also nicht sagen, wie einige Pluralisten es tun, daß jede Gruppe Rechtsquelle sei. Im Gegenteil, es ist nicht zweifelhaft, daß ein neues Recht im Schoße von Sekundärgruppen nur entstehen kann, wenn jene sich, vor neuartige Situationen gestellt, unter dem Zwang der Umstände genötigt sehen, Lösungen zu suchen, die den Rahmen der bestehenden Rechtsvorschriften sprengen. Das bezeichnendste Beispiel sind die Gewerkschaften, die ein Recht geschaffen haben, jenen „coutume ouvrier", der von Maxime Leroy so schön herausgearbeitet und untersucht worden ist[3]. Sobald Gruppen dieser Art außergesetzliche oder sogar dem Gesetz widersprechende Normen herausbilden, die widerspruchslos beachtet werden, kann man sie meines Erachtens als echte Rechtsquellen betrachten. Ich werde später auf diesen außerordentlich wichtigen Punkt zurückkommen. Hier will ich mich zum Abschluß mit der Feststellung begnügen, daß es neben der Gruppe „Staat" andere über- und untergeordnete Gruppen gibt, die ebenfalls Rechtssätze aufstellen können. In einem bestimmten, wenn auch begrenzten Umfang existiert ein nichtstaatliches Recht.

Im übrigen wäre in diesem Zusammenhang eine Untersuchung über die Berührungspunkte, die Einflüsse, das Wiederaufleben, die Rezeptionen usw. der verschiedenen Rechtssysteme sehr aufschlußreich. Sie wurde bisher nur für bestimmte Einzelfragen vorgenommen. Methodisch durchgeführt, würde sie zweifellos ergeben, daß die Rechtssätze, hauptsächlich auf dem Gebiete des Privatrechts, verhältnismäßig leicht aus ihrer ursprünglichen Umwelt herausgelöst und an einen anderen Ort verpflanzt werden können. Das läßt darauf schließen, daß diese Normen, wenn sie auch an sich den Willen des gesellschaftlichen Verbandes ausdrücken, doch nicht seine letzten Tiefen berühren. Niemals würde, wie man gesagt hat, ein Volk einen Krieg beginnen oder eine Revolution anzetteln, nur um das Dotalsystem aufrechtzuerhalten oder um die eheliche Gütergemeinschaft einzuführen[4].

Wenn die Rechtsnorm nicht notwendig an die politische Organisation gebunden ist, dann wird klar, daß man ernste Bedenken gegenüber der Haupttheorie der historischen Rechtsschule Hugos und Savignys anmelden muß, nach der das Recht die Wünsche und Hoffnungen eines Volkes, seinen *Volksgeist*, ausdrückt. Zweifellos war der Gedanke, die Nation als eine Person aufzufassen (er wird später wieder aufgenommen, und zwar nicht nur von Soziologen und Juristen, sondern auch von Historikern und Philosophen wie Michelet oder Renan), richtig und

---

[3] *Maxime Leroy*, La coutume ouvrière, 2 Bde.

[4] Das gilt für das Privatrecht. Die politischen Institutionen können Gefühle ganz anderer Intensität wachrufen.

fruchtbar, aber er ist zu romantisch und zu absolut. Zu romantisch, denn er wendet sich hauptsächlich an das Gefühl, während der Kollektivwille klar und hell sein kann; zu absolut, denn der staatliche Rahmen ist, wie ich gerade gezeigt habe, keineswegs unerläßlich für die Herausbildung von Rechtsnormen. In der Definition des Rechts, die ich oben vorgeschlagen habe, habe ich gesagt, die Rechtsnormen seien wesensmäßig immer in Bewegung. Sie drücken den Willen der Gruppe aus, so wie sie ihn *gerade jeweils* sich vorstellt. Ich möchte bei diesem Punkt, der mir sehr wichtig scheint, ein wenig verweilen.

Wenn man sich eine menschliche Gruppe vorstellt, dann hat man zumeist eine mehr oder weniger starre, in sich geschlossene Einheit vor Augen. Diese Gruppe unterliegt jedoch dauernden Veränderungen. Aus Menschen zusammengesetzt, ändert sie sich notwendig, wenn eines oder mehrere Mitglieder aus ihr ausscheiden oder umgekehrt sich ihr anschließen. Aber sogar unter der Voraussetzung, daß sie immer aus denselben Personen bestünde und sie alle umfaßte, wäre es nicht anders, denn selbst diese Personen blieben im Wandel der Zeiten nicht dieselben: die Jungen werden erwachsen, die Erwachsenen Greise; ihr gefühlsmäßiges und geistiges Verhalten ändert sich von Tag zu Tag. Zu dieser unvermeidlichen inneren Wandlung kommen äußere Einflüsse aller Art, die die Gruppe mehr oder weniger tiefgreifend verändern können. Es ist deshalb nicht übertrieben zu sagen, daß eine menschliche Gruppe sich niemals selbst gleich bleibt.

Ändert sich die Gruppe, dann ändert sich auch ihr Wille; und da das Recht nichts anderes ist als der Ausdruck des Gruppenwillens, ist auch das Recht notwendig in Bewegung, notwendig immer im Flusse. Diese Feststellung ist nicht ohne Auswirkung auf die Rechtsquellenlehre, und sie wirft zugleich theoretische und praktische Probleme von allergrößter Bedeutung auf.

Man könnte streng genommen behaupten, die Rechtsnormen müßten nicht bekannt sein, um angewendet zu werden. Dieses Ergebnis folgt unmittelbar aus der Begriffsbestimmung. Da das Recht der Ausdruck des Gruppenwillens ist, verhalten sich die Mitglieder dieser Gruppe von selbst gemäß diesem Willen, auch wenn er nicht besonders ausgedrückt wird. Nur so läßt sich der wohlbekannte Satz erklären: „Gesetzeskenntnis wird bei jedermann vorausgesetzt." Keinem Mitglied der Gruppe muß man eine Rechtsnorm erst bekannt machen, deren Urheber es selbst ist.

Die Rechtsgeschichte bestätigt diese Tatsache: In der Frühzeit gab es in unserer Gegend, anderswo auch heute noch, keinen geschriebenen Rechtssatz, ja zweifellos nicht einmal mündlich überlieferte Grundsätze, so daß man, wenn das Verhalten eines Mitglieds der Gruppe Gegenstand von Streitigkeiten war, auf Mittel verschiedenster — oft mystischer — Art zurückgreifen mußte, um Recht zu finden. Dabei sah man als selbstverständlich an, daß es sich nicht darum handele, neues Recht zu schaffen, sondern lediglich darum, unausgesprochen anerkannte und freiwillig befolgte Vorschriften aufzuspüren[5].

Nichtsdestoweniger ist man sich schnell der Nachteile dieses Verfahrens bewußt geworden, das nur für eine Gesellschaft paßte, in der die Beziehungen gering und kaum veränderlich waren. Als das soziale Leben intensiver wurde, machte sich das Bedürfnis bemerkbar, schon im vorhinein zu wissen, was Recht ist. Dieses Bedürfnis fühlte man um so lebhafter, als die Rechtskenntnis, in der Praxis den Priestern vorbehalten, in deren Händen zu einem drückenden Monopol geworden war. Infolgedessen werden in Gesellschaften mit fortgeschrittener Kultur die Rechtssätze veröffentlicht und sind allen bekannt. So wird einem berechtigten Wunsch nach Sicherheit, der in den modernen Gesellschaften mit ihren zahlreichen und vielgestaltigen rechtlichen Beziehungen besonders stark ist, Genüge getan[6].

Die Sicherheit verlangt gebieterisch die Existenz ausdrücklich formulierter Rechtssätze. Aber sofort taucht eine Frage auf. Wenn, wie ich oben gesagt habe, das Recht sich ununterbrochen wandelt, so daß — wenigstens theoretisch — ein Rechtssatz heute richtig und morgen hinfällig sein kann, was nützt dann die Veröffentlichung von Normen, die mit dem Augenblick der Bekanntmachung aufgehört haben, der genaue Ausdruck des Rechts zu sein? In der Wirklichkeit ist diese Gefahr, wie gesagt, mehr theoretisch als praktisch. Die Wandelbarkeit der gesellschaftlichen Gruppe ist nicht so stark, daß die Rechtssätze von einem Tag auf den anderen überholt wären. Die Nützlichkeit genauer Texte, nach denen man sich bei seinem Tun und Lassen richten kann, ist offensichtlich.

Dennoch ist es richtig, daß eine Kluft besteht zwischen der Beweglichkeit des Rechts und der Starrheit seines Ausdrucks. Das Recht, gebunden an Lebewesen, an eine sich wandelnde gesellschaftliche Umwelt, ist notwendig dynamisch; wird es niedergeschrieben, so verliert es seine Elastizität; es wird notwendig statisch, wie die Worte, die es auszudrücken helfen. Man steht also vor einem unlösbaren Widerspruch zwischen dem Recht und seiner Formulierung, Widerschein eines viel bedeutsameren Konflikts zwischen zwei Urbedürfnissen der Mensch-

---

[5] Infolge der Ungeschiedenheit von Recht und Religion in der archaischen Zeit sind die ersten Äußerungen des Rechts oft — per definitionem zweideutige — Orakel, deren Auslegung den Priestern obliegt.

[6] Dieser Gedanke der Sicherheit wurde in den Vereinigten Staaten besonders von *Roscoe Pound*, An introduction to the philosophy of law, herausgestellt, in Frankreich von *René Demogue*, Les Notions fondamentales du droit.

heit: dem der Gerechtigkeit und dem der Sicherheit. Die Lösung, die
die Gerechtigkeit in Übereinstimmung mit dem augenblicklichen Willen
der sozialen Gruppe gebietet, ist nicht notwendig dieselbe, wie sie die
geltende Rechtsnorm vorschreibt, vor allem, wenn sie vor mehreren
Jahrzehnten niedergelegt worden ist. Andererseits wäre jedoch das
soziale Leben zu unsicher, wenn die Rechtssätze nicht eine gewisse
Beständigkeit aufwiesen[7].

Dieser Zwiespalt besteht seit langer Zeit, und er hat verschiedene
Gestalten angenommen. Man könnte, ohne die Worte allzu sehr zu
strapazieren, sagen, daß er dem berühmten Gegensatz zwischen Gerechtigkeit und Billigkeit zugrunde liegt, der seinen Ausdruck in dem
wohlbekannten Ausruf Ciceros findet: *Summum ius, summa iniuria!*
und sogar — mit einigen Vorbehalten — in dem Widerstreit zwischen
positivem Recht und Naturrecht. Er ist besonders ausgeprägt in Rechtssystemen, die, wie das unsere, auf einer Kodifikation beruhen, wobei
man unter einer Kodifikation nicht nur die äußerliche Tatsache verstehen darf, daß in ein und demselben Gesetzbuch eine große Anzahl
von Gesetzen zusammengefaßt wird, sondern auch und besonders den
Willen, in einer systematischen Sammlung Antwort auf alle gegenwärtigen und zukünftigen Schwierigkeiten zu geben. Daß das der
Hintergedanke des französischen Gesetzgebers war, beweist zweifelsfrei
Art. 4 des Code Civil, der folgendermaßen lautet: „Ein Richter, der
sich unter dem Vorwand des Schweigens, der Dunkelheit oder der
Unzulänglichkeit des Gesetzes weigert, Recht zu sprechen, kann wegen
Justizverweigerung verfolgt werden." Was soll das anderes bedeuten,
als daß der Gesetzgeber für alle denkbaren Schwierigkeiten im vorhinein vorgesorgt und ihnen eine Lösung gegeben hat, die man nur im
Gesetzbuch aufsuchen muß? Das ist, wie man oft bemerkt hat[8], eine
geradezu lächerlich anmutende Fiktion, die sich aber gleichermaßen
aus dem brennenden Sicherheitsbedürfnis in der Zeit nach der Revolution wie aus der Verkennung des gesellschaftlichen Charakters des
Rechts durch die Menschen zu Beginn des 19. Jahrhunderts erklärt.
Die Fiktion der Allwissenheit des Gesetzgebers täuscht heute niemanden
mehr, aber der Art. 4 des Code civil ist immer noch in Kraft, und der
Richter muß sich immer noch auf eine frühere Gesetzesnorm stützen,

---

[7] Auf dieses Auseinanderklaffen ist besonders in den ersten Jahren dieses
Jahrhunderts gleichzeitig mit dem Hauptwerk von François Gény, von dem
später noch die Rede sein wird (vgl. unten Anm. 10), oder in dessen Gefolge
hingewiesen worden. Erwähnen wir von den Arbeiten, die in jener Zeit
veröffentlicht wurden, nur die zwei folgenden, deren Titel einen Kommen-
tar überflüssig machen: *Jean Gruet*, La Vie du droit et l'impuissance des
lois, 1908, und *Gaston Morin*, La Révolte des faits contre le Code, 1920.

[8] Der Rechtsgelehrte Julian (2. Jahrhundert unserer Zeitrechnung) sagte
schon (Digesten des Justinian 1. 3. 10): „Neque leges neque senatus consulta
ita scribi possunt, ut omnes casus qui quandoque inciderint comprehendantur."

um dort die Lösung für die Schwierigkeiten zu suchen, die sich vor ihm auftun. Handelt es sich um wirklich neuartige Situationen, an die der Gesetzgeber nicht hat denken können, dann nimmt der Konflikt einen heftigen und fast dramatischen Charakter an. Der Richter steht vor einem Gewissenskonflikt. Findet er in dem juristischen Arsenal nicht die passende Antwort auf die Frage, die ihm vorliegt, dann müßte er sich anständigerweise für unzuständig erklären. Aber dieser Ausweg ist ihm durch die Verpflichtung versperrt, eine Lösung zu finden, koste es, was es wolle.

In dieser unangenehmen Lage wird der Richter nach einem Kompromiß suchen. Er ist gezwungen, das Gesetz anzuwenden? Nun gut, aber dieses starre Gesetz wird er mit allen Mitteln aufzuweichen trachten. Darf er nicht den Wortlaut der Gesetzesbestimmung verändern, so wird er darüber nachgrübeln, wie er ihren Sinn verändern kann. Er wird wahre Geistesakrobatik treiben, um aus einem Text herauszulesen, was nicht darin steht, notfalls das Gegenteil von dem, was sein Schöpfer hat sagen wollen. Eines der trefflichsten Beispiele dieser zugleich sinnwidrigen und fruchtbaren Anwendung eines Gesetzestextes bietet uns das römische Recht in folgendem Fall: Das 12-Tafel-Gesetz, das älteste Gesetzesdenkmal der Römer, enthält eine Vorschrift, die bestimmt, daß, wenn ein Hausvater seinen Sohn dreimal verkauft, dieser letztere von der auf ihm ruhenden väterlichen Gewalt frei wird. Die Romanisten nehmen fast einhellig an[9], dieser Satz habe den Zweck und die Wirkung gehabt, der übermäßigen Habgier römischer Hausväter zu steuern, die ihre Söhne verkauften, um aus deren Arbeitskraft Nutzen zu schlagen. Jedenfalls gibt man übereinstimmend zu, daß die Dezemvirn auf diese Weise die Veräußerung der Hauskinder erschweren wollten. Aber es kam ein Zeitpunkt, an dem sich die Bedingungen des sozialen Lebens geändert hatten und in dem die väterliche Gewalt vielfach nur noch eine schwer zu tragende Bürde geworden war, von der man die Söhne zu befreien suchte. Für diesen Zweck mißbrauchten die Römer die genannte Bestimmung aus den 12-Tafeln. Und zwar folgendermaßen: Der Hausvater verkaufte seinen Sohn zum Scheine an einen Freund, der sich zu dieser Statistenrolle hergab. Dreimal wiederholte er den Scheinverkauf, und nach dem dritten Male war der Sohn emanzipiert und voll geschäftsfähig. Das ist nur ein Beispiel aus Tausenden wahrhaft schöpferischen Ergebnissen, die die Auslegung von Gesetzestexten erbringen kann. Man sieht zugleich, daß sie nicht denselben Forderungen unterliegt wie die wissenschaftliche oder historische Auslegung: Während die letztere vor allem den

---

[9] Meiner Ansicht nach hatte sie nicht diesen Sinn (vgl. meine ‚Nouvelles études sur le très ancien droit romain‘, S. 80 ff.), aber hierauf kommt es für unsere Zwecke wenig an. Die Hauptsache ist, daß ihre ursprüngliche Bedeutung völlig ins Gegenteil verkehrt wurde, und das bestreitet niemand.

Gedanken des Verfassers sucht, ist es auf dem Gebiete des Rechts das
Ziel, den Buchstaben des Gesetzes so genau wie möglich an die Verhältnisse der Gegenwart anzupassen.

Mit Hilfe einer konstruktiven Auslegung — die man genausogut
scheinheilig oder mißbräuchlich nennen könnte — haben also die Juristen aller Länder und aller Zeiten jene Quadratur des Kreises zu lösen
versucht, neuen Bedürfnissen Genüge zu tun und trotzdem einem
unabänderlichen Text gehorsam zu bleiben. Wie alle Kompromisse
ist auch dieses Verfahren nicht ohne Nachteil. Die Rechtstheoretiker
verwerfen es im allgemeinen, obwohl sie seine Nützlichkeit, ja seine
praktische Notwendigkeit anerkennen. Selbst die aufgeschlossensten
unter ihnen, vornehmlich Gény, der auf diesem Gebiet als Autorität
gilt[10], weisen die Vorstellung zurück, daß ein Gesetzestext derart von
der Absicht seines Schöpfers losgelöst werden und gewissermaßen
ein Eigenleben führen könne. Ohne Zweifel gibt Gény zu, daß kraft
eines unausweichlichen soziologischen Gesetzes der Gesetzestext „in dem
Maße, in dem er sich von seinem Ursprung entfernt, von seiner anfäng-
lichen Kraft verliert, sich durch den Gebrauch allmählich abschleift
und sich manchmal von Grund auf in seinem Gehalt ändert"; dennoch
aber, sagt er, dürfe man vom ursprünglichen Sinngehalt nicht abweichen und müsse der tatsächlichen Absicht des Gesetzgebers treu
bleiben. Denn für Gény „ist das geschriebene Gesetz seinem Wesen nach
nichts anderes als der Ausdruck eines verständigen Willens"[11]. Der
soziale Charakter der Rechtsnorm entgeht ihm. Deshalb ist es folgerichtig, wenn er zur Gesetzesauslegung den Rückgriff auf die Materialien
empfiehlt[12].

Andere Juristen dagegen, und nicht die geringsten, verfechten offen
eine Lehre, nach der ein Text entsprechend den jeweiligen Umständen
anzuwenden sei. Diesen Standpunkt hat meines Wissens niemand

---

[10] *François Gény*, Méthode d'interprétation et sources en droit privé
positif, 1899. Es ist nicht übertrieben zu sagen, daß dieses Buch Geschichte
gemacht hat. Wenn es auch — wie wir später sehen werden — in mancher
Hinsicht traditionalistisch und konservativ ist, so wendet es sich doch nach-
drücklich gegen die übertrieben dogmatische Ausrichtung der Mehrzahl der
französischen Juristen des 19. Jahrhunderts, die geneigt waren, im geschriebenen Gesetz die einzige Rechtsquelle zu sehen.

[11] a.a.O. I, S. 264 ff.

[12] Über den Rückgriff auf die Materialien zur Auslegung eines undeut-
lichen Gesetzes vgl. *Henri Capitant* in: Recueil de travaux relatifs aux
sources du droit en l'honneur de François Gény, Bd. II, S. 204 f. Nachdem
der Verfasser ausgeführt hat, daß die angelsächsischen Länder diesem Verfahren feindlich gegenüberstehen, verwirft er es seinerseits ebenfalls, und
zwar nicht aus grundsätzlichen Erwägungen heraus — Capitant, ein hervorragender Jurist, war alles andere als Soziologe —, sondern weil man seiner
Ansicht nach in diesen Dokumenten, besonders wenn sie von einem Parlament herrühren, nicht die Spur eines sicheren und eindeutigen Willens
finden kann.

besser ausgedrückt als Ballot-Beaupré, der erste Präsident der Cour de Cassation, in dem „*Livre du Centenaire du Code civil*"[13]: Der Richter, schreibt er, muß sich nicht stur bemühen herauszufinden, was sich die Verfasser des Code civil vor 100 Jahren gedacht haben, als sie diesen oder jenen Artikel abfaßten. Er muß sich fragen, wie es wäre, wenn angesichts aller Wandlungen, die sich seit einem Jahrhundert in den Ideen, in den Sitten, in den Institutionen, in dem wirtschaftlichen oder sozialen Zustand Frankreichs vollzogen haben, die Gerechtigkeit und die Vernunft eine freie Anpassung des Textes an die Gegebenheiten des modernen Lebens verlangten[14]. Von diesem Standpunkt aus kann die Benutzung der Materialien für den Auslegenden natürlich keine große Hilfe sein, besonders wenn seit dem Tage der Verkündung des Gesetzes beträchtliche Zeit verstrichen ist. Im Ergebnis handelt es sich nicht um eine historische Untersuchung, sondern um die bestmögliche praktische Nutzbarmachung eines aufgezwungenen Textes. Das Gesetz drückt nicht den Willen seines Verfassers aus, sondern den des gesellschaftlichen Verbandes.

Diese soziologische Auffassung stößt auf einen recht beachtlichen Einwand: Sie scheint den Weg zu einem gefährlichen Subjektivismus zu öffnen. Welche Kriterien soll man anlegen, um herauszufinden, wie der Wille des Gesetzgebers aussähe, wenn er in dem Augenblick, in dem das Urteil gesprochen werden muß, ein Gesetz erließe?

Es läßt sich nicht leugnen, daß hier eine sehr ernste Gefahr lauert. Sie ist zu Beginn dieses Jahrhunderts anläßlich des Falles Magnaud voll zutage getreten. Magnaud war ein Richter, Präsident des Tribunals von Château-Thierry, der in den Jahren 1900—1905 Urteile fällte, die großes Aufsehen erregten. Getragen von Gefühlen, deren Edelmut und Vornehmheit außer jeder Diskussion stehen, wurden diese Entscheidungen doch fast sämtlich im Berufungsverfahren von der Cour d'Amiens abgeändert[15]. Vielleicht haben die Richter dieses Gerichts in ihrem formellen Festhalten an den Texten übertrieben, aber es ist umgekehrt nicht zweifelhaft, daß der Präsident Magnaud sich seinerseits zu weit davon entfernt hatte. Hier greift nämlich das Urbedürfnis der Sicherheit ein. Dieses Bedürfnis bliebe unbefriedigt, wenn die Richter einen Text frei nach ihren eigenen gesellschaftlichen, philosophischen oder religiösen Überzeugungen auslegen könnten. Man forderte damit widersprüchliche Urteile heraus, riefe Zweifel bei den Gerichtsunterworfenen hervor und würde die Autorität des richterlichen Amtes und das Vertrauen in die Justiz schwer erschüttern.

---

[13] Livre du Centenaire du Code civil, 1904, S. 27.

[14] Derselbe Gedanke findet sich in genau denselben Wendungen schon bei Aristoteles ausgedrückt, *Rhetorik*, I. 13. Vgl. U. v. Lübtow, Miscellanea, in: Studi in onore di Vincenzo Arangio Ruiz, Bd. II, S. 361.

[15] Vgl. *H. Leyret*, Les Jugements du Président Magnaud, 1900.

Muß man sich aber, um dieser Gefahr zu entgehen, in eine andere
stürzen? Zweifellos ist es sicherer, sich fest an den Buchstaben eines
Rechtssatzes zu klammern und ihn automatisch anzuwenden. Aber
dieses bequeme Verfahren ist nicht immer gangbar; es gehört etwas
mehr dazu. Der Richter ist kein Roboter: Er muß den Parteien die
gerechteste Lösung für den Konflikt bieten, der sie trennt. Er darf
nicht taub und blind sein gegenüber den großen Veränderungen in der
öffentlichen Meinung. Zwar muß er bloßen leidenschaftlichen Wallun-
gen, die vielleicht in jenem Augenblick gerade die gesellschaftliche
Gruppe erschüttern, widerstehen; jedoch muß er gewissen unbestreit-
baren, als wahr erwiesenen Veränderungen, die sich in der Gruppe
vollzogen haben und die nicht ohne Einfluß auf die rechtliche Regelung
geblieben sein können, Rechnung tragen[16].

Ein Blick in die Rechtswirklichkeit beweist, daß das tatsächlich auch
geschieht. Wenn wir zum Beispiel die französische Rechtsprechung im
Lauf der letzten Jahre, d. h. seit der Verkündung des Code civil,
beobachten, dann müssen wir anerkennen, daß sie *nolens volens* eine
schöpferische Rolle von allergrößter Bedeutung gespielt hat. Von ihren
Schöpfungen sind neben vielen anderen zu nennen die Unveräußerlichkeit der beweglichen Mitgift, die Gültigkeit der verschleierten Schenkung, die stillschweigende Befreiung von der Ausgleichungspflicht, die
Gültigkeit von Order- und Inhaberklauseln bei bürgerlich-rechtlichen
Forderungen und besonders die Herausarbeitung des Systems der Ver-
sicherungen, die mit Ausnahme der Seeversicherungen seltsamerweise
vom Gesetzgeber übergangen worden sind. Diese schöpferische Rechtsprechung, die man *prätorisch* genannt hat, ist um so erstaunlicher,
als sie sozusagen gegen den eigenen Willen von Richtern zustande kam,
die, ausgerichtet an konservativen Leitbildern, alles andere als Neuerer
sind. Wenn sie sich veranlaßt sahen, den Texten Gewalt anzutun, um
ihnen neue Lösungen abzuringen, dann deshalb, weil es ihnen wirklich
unmöglich war, anders zu handeln[17].

---

[16] Die Ehre der Richterschaft besteht gerade darin, daß sie sowohl dem
Druck einer leicht erregbaren öffentlichen Meinung als auch den Einflüste-
rungen der politischen Gewalt widersteht.

[17] In den angelsächsischen Ländern, insbesondere in England, spielt die
Rechtsprechung wenigstens dem Anschein nach eine viel bedeutendere Rolle
als Rechtsquelle als auf dem Kontinent. Dort muß man sich grundsätzlich
immer nach früheren Entscheidungen richten, *stare decisis*. Zwar wird dieser
Grundsatz keineswegs gewissenhaft befolgt, denn er würde zur Erstarrung
des Rechts führen. Dennoch beachtet man ihn im allgemeinen, was dazu
beiträgt, aus der englischen Rechtsprechung eine Trägerin des Konservati-
vismus und nicht, wie in Frankreich, des Fortschritts zu machen. Man beginnt aber heftig dagegen anzukämpfen. So schreibt Garlan (Legal criticism,
S. 93): "... its limitation appears in the fact that it frequently is only an
indecent justification of mechanized habit of action, an excuse for the failure
of judges to assume responsability for intelligent judgement, and an excuse
for ignorance where knowledge is not at hand, but must be sought."

Angesichts der Fruchtbarkeit der Ergebnisse, die man derart von einer Rechtsprechung erhalten hat, die durch die Pflicht, sich auf einen Gesetzestext zu stützen, eingezwängt und behindert war, konnte man sich fragen, ob man dem Richter nicht mehr Freiheit geben und ihn von jenem Zwang entbinden solle, den der obligatorische Rückgriff auf das Gesetz für ihn bedeutet, so daß das Gesetz sich mit der Rolle einer bloßen Anregung begnügen müßte. Die Idee ist verführerisch, muß aber verworfen werden. Wäre der Richter durch den Gesetzestext nicht gebunden, dann verfiele man nicht nur in den Subjektivismus, den ich gerade erwähnt habe, sondern in Willkür. Darüber hinaus würde das Prinzip der Demokratie, das allen modernen Staaten zugrunde liegt, verfälscht. Die Entscheidungen stimmten nicht mehr notwendigerweise mit dem Gesetz überein, und die rechtsprechende Gewalt sähe sich auf Grund dessen im Besitz einer unmäßigen Machtfülle. Die Richter sind nun aber, welchen Rang sie auch bekleiden mögen, nichts anderes als eine Berufsgruppe. Sie haben die Aufgabe, den Willen des sozialen Körpers auszuführen, nicht aber, ihm Ausdruck zu verleihen. Wäre es anders, dann kämen wir zu einem politischen System, das man „Richterherrschaft" nennen könnte[18]. Wenn, wie ich oben gesagt habe, die Rechtsnorm aus der gesellschaftlichen Gruppe hervorgeht, dann darf man wenigstens in den modernen Gesellschaften der rechtsprechenden Gewalt nicht erlauben, den Willen der Gesellschaft unmittelbar auszudrücken: Das führt wohl oder übel zu einer Notlösung, bei der der Gesetzestext zwar theoretisch der sichere Fels bleibt, auf dem jede juristische Lösung beruht, bei der dieser Text aber weitestgehend strapaziert werden darf, ja muß, damit er den in raschem Wandel begriffenen Notwendigkeiten des gesellschaftlichen Lebens gerecht wird.

Wenn diese Betrachtungen im Ganzen gesehen richtig sind, so bedürfen sie doch einer nicht unwesentlichen Korrektur durch folgende Überlegung: Im allgemeinen hinkt das Gesetz hinter der gesellschaftlichen Entwicklung her und folgt ihr nur *pede claudo;* es kann ihr aber auch genausogut vorangehen. Der Fall ist nicht selten, daß der Gesetzgeber Vorschriften erläßt, die nicht angewendet werden, weil sie auf schlechten Willen stoßen, auf Unverständnis, auf Kollektivgewohnheiten oder einfach auf die Unvereinbarkeit mit den Vorstellungen einer sozialen Organisation, deren Widerstandskraft er unterschätzt hat. Wir werden später ein Beispiel in der Sommerzeit und dem metrischen System auf dem Lande kennenlernen, und man könnte ihm leicht eine Unzahl weiterer hinzufügen. Ein Extremfall ist derjenige der „Erklärungen der Menschenrechte", die weniger Gesetze als vielmehr Grundsätze sind, die täglich verletzt werden, ohne daß Sanktionen folgten.

---

[18] Über das System in den Vereinigten Staaten, wo die rechtsprechende Gewalt viel ausgedehntere Vorrechte hat als in Europa, vgl. *Édouard Lambert,* Le Gouvernement des juges, 1921.

Auch viele Gesetze im eigentlichen Sinne werden in ihrer Anwendung durch den Hang der Beteiligten oder der Praktiker am Hergebrachten behindert, besonders wenn sie eine wirkliche Neuerung einführen. In diesen Fällen hinkt nicht das Gesetz hinter der Praxis her; es steckt im Gegenteil ein Ziel, das zu erreichen man weit entfernt ist. Man kann, um diesen Punkt abzuschließen, sagen, daß es mangels Übereinstimmung von geschriebenem Gesetz und Wirklichkeit fast immer zu einer Verschiebung kommt, wobei jedoch die Wirklichkeit in der großen Mehrzahl der Fälle dem Gesetz vorauseilt.

Aus dieser kurzen Untersuchung folgt, daß die schöpferische Macht der Rechtsprechung in der gesellschaftlichen Natur des Rechts zugleich ihre Rechtfertigung und ihre Grenzen findet. Wir müssen uns nun zur Vertiefung des Problems fragen, wie der Gruppenwille sich den einzelnen Mitgliedern aufzwingt. Die klassische Theorie unterscheidet in dieser Hinsicht bekanntlich vier verschiedene Rechtsquellen, nämlich das Gesetz, das Gewohnheitsrecht, die Rechtsprechung und die Lehre. Die soziologische Theorie verändert und verfeinert diese Einteilung notwendigerweise beträchtlich.

Zunächst nimmt sie anders als die herrschende Lehre zwischen den Rechtsquellen keine scharfe Scheidung vor. Für sie gilt in Wahrheit nur eine Rechtsquelle, nämlich der Kollektivwille: Die verschiedenen Quellen, die man unterscheidet, sind in ihren Augen nur Spielarten dieser einzig wesentlichen Quelle[19]. Mit anderen Worten, wenn sie dem Ursprung der Rechtsnorm erstrangige Bedeutung einräumt, die Art, wie die Norm sich kundtut, ist, so wichtig sie auch sein mag, trotz allem zweitrangig.

Übernehmen wir einmal vorläufig die Vierteilung der klassischen Schule, so möchte ich zunächst ein paar Worte über die *Lehre* sagen.

Man bezeichnet mit diesem Namen heute gewöhnlich die Arbeiten von Schriftstellern, die aus Interesse an rechtlichen Fragen Gedanken äußern, Kritiken und Vorschläge, die darauf hinzielen, das Recht in größerem oder geringerem Maße zu verändern. In unserem modernen Recht kann man diesen Arbeiten nicht die Bedeutung einer echten Rechtsquelle zuerkennen[20]. Das kann zu anderen Zeiten, in anderen

---

[19] Dieselbe Tendenz kommt zum Ausdruck bei *Vinogradoff*, Outlines of historical jurisprudence, frz. Ü., S. 132 ff.

[20] Es wäre vollkommen falsch, daraus zu schließen, die Lehre spiele heutzutage bei der Weiterbildung des Rechts keine Rolle mehr. Das gilt besonders für Frankreich, und die angelsächsischen Juristen, gewohnt, wie wir oben gesehen haben (Anm. 17), der Rechtsprechung vorrangige Bedeutung beizumessen, sind oft erstaunt über den Einfluß, den die Arbeiten unserer Rechtsgelehrten auf die Entwicklung des Rechts ausüben (vgl. z. B. Allen, Law in the making, 1939). Diese Arbeiten nehmen die verschiedensten Formen an.

Gesellschaften anders gewesen sein. So wurden in Rom, zumindest während eines bestimmten Zeitraums, in der sogenannten klassischen Periode, die Arbeiten und besonders die Rechtsgutachten derer, die man Prudentes nannte, als eines der Elemente angesehen, aus denen das Zivilrecht bestand. Genauso war es mit dem jüdischen Recht, dem mohammedanischen Recht usw. In diesen Gesellschaften hatte der Jurist ausgesprochen oder unausgesprochen die Macht, den Kollektivwillen aufzuspüren und auszudrücken. Das ist nicht mehr möglich, ja nicht einmal mehr denkbar in Rechtssystemen wie den heutigen westeuropäischen, die auf dem Grundsatz der Kodifikation, d. h. auf der Fiktion beruhen, daß dem Gesetzgeber das Monopol für rechtliche Regelungen vorbehalten sei.

Tatsächlich ist es das Gesetz, das in unseren modernen Gesellschaften als wichtigste, manche sagen: als einzige Rechtsquelle angesehen wird. Was das Gesetz vom technischen Standpunkt aus kennzeichnet, das ist, daß die Rechtsnorm von einem besonderen Organ herrührt, wobei dieses Organ im übrigen sehr verschieden sein kann: Prophet, Monarch, Versammlung, Parlament usw. Dieser charakteristische Zug des Gesetzes wird noch deutlicher in der Gegenüberstellung mit dem Gewohnheitsrecht, das, wie wir später sehen werden, spontanen Charakter hat. Hieraus folgt, daß das Gesetz im Gegensatz zum Gewohnheitsrecht in einem Zeitpunkt entsteht, den man genau bestimmen kann. Es ist

---

Eine der originellsten ist die der Veröffentlichung von Anmerkungen unter den obergerichtlichen Urteilen in den großen Rechtsprechungssammlungen, so daß man mit einiger Übertreibung vielleicht von einer französischen Schule der „arrêtistes" oder Arrestographen, deren berühmtester Vertreter Labbé gewesen ist, hat sprechen können. Man darf aber nicht vergessen, daß in unserem heutigen Rechtssystem auch die angesehensten Ansichten der Rechtsgelehrten für sich allein noch keine Rechtsquelle sind. Sie können zur Weiterbildung des Rechts beitragen, aber sie bleiben bloße persönliche Anregungen, solange sie nicht von der Kollektivautorität getragen werden. Diese äußert sich im Gesetzestext, in einer Folge gleichlautender gerichtlicher Entscheidungen oder sogar, wie wir später sehen werden, durch einfache Übung. Die Erwägung, die der Lehre, sofern sie sich nicht allgemein durchsetzt, die Eigenschaft als Rechtsquelle abspricht, gilt natürlich auch gegen F. Génys geliebte Theorie, wonach es im Falle der Unsicherheit oder des Fehlens einer gesetzlichen Lösung dem Auslegenden gestattet sei, die Lösung frei zu suchen. Diese Theorie, die sogenannte „freie Rechtsfindung", ist verführerisch, muß aber meines Erachtens verworfen werden, und zwar wieder aus demselben Grunde: Sie trägt nicht dem sozialen Charakter des Rechts Rechnung. Eine Rechtsnorm erhält diesen Charakter nur, wenn und soweit sie mit den Strebungen der sozialen Gruppe im Einklang steht. Ich will hier ein mögliches Mißverständnis ausräumen. Ich bin weit davon entfernt, die wissenschaftlichen Bemühungen auf dem Gebiete des Rechts geringzuschätzen. Ich habe sogar empfohlen (vgl. oben S. 28—38), unter dem Namen „Juristik" eine Rechtstatsachenwissenschaft zu schaffen, die sich zum Ziele setzen sollte, die Rechtstatsachen zu sammeln, zu sichten und zu erklären. Aber diese Arbeit müßte im Prinzip wie jede wissenschaftliche Arbeit zweckfrei durchgeführt werden, was allerdings nicht ausschließt, daß man aus ihr praktische Nutzanwendungen zieht.

außerdem beinahe immer in klaren Worten abgefaßt, die, einmal formuliert, grundsätzlich nur durch ein neues Gesetz geändert oder beseitigt werden können. Ich werde später die Vorbehalte nennen, die man zu diesem Punkte anmelden muß.

Diese Eigenheiten des Gesetzes erklären auch, warum es erst in einem verhältnismäßig fortgeschrittenen Stadium der Zivilisation auftaucht. Die sogenannten primitiven oder archaischen Völker kennen es nicht. Sie leben unter der Herrschaft des Gewohnheitsrechts. Man kann jedoch beobachten, wie sich bei manchen Völkern in einem verhältnismäßig frühen Zeitpunkt ihrer Geschichte eine kodifikatorische Tätigkeit entfaltet, die zu Sammlungen in Gesetzesform führt. So war es namentlich bei den Babyloniern, deren berühmter Codex Hammurabi aus dem Anfang des 2. Jahrtausends vor unserer Zeitrechnung stammt. Der Dekalog der alten Hebräer kann auf das 12. Jahrhundert vor Jesus Christus angesetzt werden. Zu Beginn ihrer Geschichte hatten die Römer ebenfalls eine Gesetzessammlung ausgearbeitet, das berühmte 12-Tafel-Gesetz (Mitte des 5. Jahrhunderts vor Jesus Christus). Wie man weiß, haben auch die germanischen Völker in den einzelnen Teilen des *orbis Romanus,* die sie erobert hatten, um das 6. Jahrhundert unserer Zeitrechnung die verschiedenen Volksrechte, die man häufig mit dem Namen *Leges Barbarorum* bezeichnet, verkündet. Dennoch muß man sich fragen, ob wir in allen diesen Fällen wirklich Gesetze und nicht nur niedergeschriebenes Gewohnheitsrecht vor uns haben. Man darf der Tatsache allein, daß die Rechtssätze durch ein besonderes Organ verkündet werden, keine übertriebene Bedeutung beimessen. Das ist nur ein rein formales Kriterium. Eine Gewohnheit, die von einer gesetzgebenden Stelle verkündet wird, hört nicht auf, Gewohnheit zu sein. Ein bezeichnendes Beispiel dafür liefert uns Frankreich zu Beginn des 15. Jahrhunderts. Bekanntlich lebte nach dem Zusammenbruch des Karolingerreichs der größte Teil des gegenwärtigen Territoriums von Frankreich unter der Herrschaft lokaler oder regionaler „Coutumes", die sich von selbst gebildet hatten. Aufgrund der Nachteile dieses Systems — auf diese Nachteile komme ich später zurück — ergriff nun das Königtum im selben Maße, in dem es den Staat wiederherstellte, die Initiative. 1453 befahl Karl VII. in der Ordonnance von Montil-lès-Tours, die „Coutumes" unter der Kontrolle der Parlamente, die selbst Ausfluß der königlichen Gewalt waren, schriftlich abzufassen. Ist es richtig zu sagen, daß die verschiedenen „Coutumes" des Königreichs auf Grund dieser Maßnahmen ihre Eigenschaft als Gewohnheitsrecht verloren und Gesetze wurden? Gewiß nicht. Man ist übereinstimmend der Ansicht, daß Frankreich, abgesehen von dem sogenannten pays de droit écrit, bis zur Revolution unter der Herrschaft von Gewohnheitsrecht gelebt hat. Zweifellos nahmen die französischen „Coutumes", nachdem sie einmal abgefaßt und ordnungsgemäß verkündet waren, Züge an, die sie den Gesetzen näherten. Dennoch blieben sie, wenn schon nicht wegen ihres räumlich begrenzten und vielgestaltigen Geltungsbereichs, so doch auf Grund ihres Ursprungs Gewohnheitsrecht: Es waren keine Gesetze, sondern amtlich abgefaßte Gewohnheiten.

In der Mehrzahl der modernen Staaten erscheinen Gesetze nicht vereinzelt, sondern in einer mehr oder minder vollständigen Zusammenfassung zwingender Regeln für diesen oder jenen Bereich des gesellschaftlichen Lebens, d. h. als Gesetzbücher. Gewiß hatte das Altertum schon Gesetzbücher gekannt, wie etwa jene bereits erwähnten, den Codex Hammurabi, den Dekalog usw.; aber dabei handelte es sich, wie gesagt, mehr um die Aufzeichnung von Gewohnheiten. Die Gesetzbücher des oströmischen Kaiserreichs wiederum sind lediglich Sammlungen von systematisch und in zeitlicher Reihenfolge geordneten Gesetzen. Erst zu Beginn des 19. Jahrhunderts kam in Frankreich der Gedanke auf, daß das geschriebene Gesetz die wirkliche und ausschließliche Grundlage für das Recht eines Volkes bilden müsse[21]. Die unter Napoleon zwischen 1804 und 1810 durchgeführte Kodifizierung setzte diese anspruchsvolle Vorstellung im Geiste ihrer Erfinder in die Tat um. Das Ergebnis war nicht nur eine Sammlung aller anwendbaren Vorschriften, sondern dem Grundsatz nach galten diese Bestimmungen für immer und mußten nicht geändert werden. Diese geistige Einstellung teilte die Mehrzahl der französischen Juristen während der ersten Jahrzehnte des 19. Jahrhunderts. Sie behandelten die Gesetzbücher, und besonders den Code civil, mit einer Ehrfurcht, die an Anbetung grenzte, und sie beschränkten sich, ohne sich ein Wort der Kritik zu erlauben, darauf, seine verschiedenen Bestandteile zu untersuchen; daher die Bezeichnung „École de l'exégèse"[22], die diesen Juristen gegeben wurde[23]. Hauptsächlich aus einer, wie ich oben schon sagte, völligen Verkennung sowohl des gesellschaftlichen Charakters des Rechts als auch der Entwicklung des gesellschaftlichen Lebens wurde das Gesetz als eine Sammlung unveränderlicher Lösungen be-

---

[21] Das soll nicht heißen, daß es vorher keine Gesetzgebungsakte großen Stils mit dem Ziele der Regelung eines gesamten Gebiets gegeben hätte. Zu erwähnen sind hier etwa die Verordnung Karls V. über das Strafrecht, die sogenannte Carolina, die großen Ordonnanzen Ludwigs XIV, die auf Betreiben Colberts zustande kamen, und in Preußen das Corpus Iuris Fridericiani von 1749. Vgl. zu der Frage *J. van Kan*, Les Essais de codification en France.

[22] Die École de l'exégèse entspricht der Begriffsjurisprudenz in Deutschland. Vgl. *Coing* in: Jus commune I, 1967, S. 28 f. (Anm. d. Übers.).

[23] Vgl. die Arbeiten von *Julien Bonnecase*, insbesondere: La Themis et son fondateur Athanase Jordan, 1914; L'École de l'exégèse, 1924. Siehe auch *Eugène Gaudemet*, L'Interprétation du Code civil en France depuis 1804, Basler Studien zur Rechtswissenschaft, Heft 8, 1935.

trachtet, deren Kenntnis genügte, um aller gegenwärtigen und künftigen Schwierigkeiten Herr zu werden[24].

Diese Annahme erscheint uns heutzutage als sehr vermessen, und einen allwissenden Gesetzgeber können wir uns gar nicht mehr vorstellen. Ich habe schon gezeigt, wie es der Rechtsprechung dank einer schöpferischen Auslegung in vielen Fällen gelungen ist, die Forderungen einer in fortwährender Erneuerung begriffenen Gesellschaft mit dem heilsamen Grundsatz der Ehrfurcht vor dem Gesetzestext in Einklang zu bringen. Ich will darauf nicht zurückkommen und deshalb den Bereich der juristischen Entscheidungen, die *Rechtsprechung*, beiseite lassen. Dagegen erfordert das *Gewohnheitsrecht* längere Ausführungen.

---

[24] Man darf umgekehrt nicht unbedacht von einem Extrem ins andere fallen und glauben, daß das Gesetz nichts anderes sei als eine Kollektivmeinung, der man zuwiderhandeln dürfe, wenn man anderer Meinung ist. Die Theorie, nach der man in bestimmten Fällen dem Gesetz den Gehorsam aufsagen darf, wird heute teils von katholischen, teils von revolutionären Juristen vertreten. Nach den ersteren (vgl. z. B. *P. Coste-Floret*, Théorie générale du droit) braucht man ein Gesetz nicht zu beachten, wenn es bestimmten als unantastbar angesehenen Vorschriften des religiösen Rechts zuwiderläuft. Nach den anderen kann man das Gesetz gleichfalls übertreten, dann nämlich, wenn es sich als unerträglich erweist: Das ist der Fall der sogenannten „verbrecherischen" Gesetze. Im Ergebnis begegnen sich diese beiden Theorien darin, daß sie die Gebote der Moral — der christlichen Moral auf der einen Seite, der individualistischen auf der anderen — über die Rechtsnormen stellen. Ich glaube nicht, daß man diese Haltung billigen kann. Da die Rechtsnorm ihrer Begriffsbestimmung nach Ausdruck des Gruppenwillens ist, bleibt unerfindlich, in Namen welches höheren Prinzips man sich ihr entziehen dürfte. Zweifellos sind für einen Gläubigen die göttlichen Anordnungen unvergleichlich verehrungswürdiger als die weltliche Gesetzgebung — und man könnte dasselbe von der revolutionären Mystik sagen —, aber als Mitglied der gesellschaftlichen Gruppe muß jeder Bürger die Höherrangigkeit des Kollektivwillens gegenüber seinem eigenen anerkennen; andernfalls liefe man die Gefahr eines anarchischen Subjektivismus, wie ich weiter oben angedeutet habe. Weiterhin ist zu bemerken, daß das Gesetz ebenso eine moralische Norm wie eine soziale Vorschrift ist. Das soll natürlich nicht heißen, daß es verboten wäre, ein Gesetz, das man für ungerecht oder schädlich hält, zu kritisieren oder gar energisch zu bekämpfen. Derartige Auseinandersetzungen sind nützlich, notwendig und begünstigen die Fortbildung des Rechts. Sie können einen Meinungsumschwung hervorrufen, der das beanstandete Gesetz de facto oder de iure außer Gebrauch setzt. Solange es aber an diesem Umschwung fehlt, solange das Gesetz in Kraft ist, solange muß es beachtet werden, und niemand hat das Recht, sich ihm zu entziehen. Man muß sich davor hüten, diese Frage mit der des Rechts zum Widerstand zu verwechseln. Dieses Recht, von den Monarchomachen im 16. Jahrhundert entwickelt, das die Verfassung von 1793 nicht unter die Menschenrechte einzureihen zögerte, ist etwas ganz anderes. Der Widerstand ist nicht der Ungehorsam gegenüber einem einzelnen Rechtssatz, von dem man glaubt, daß er sich nicht mit den eigenen Überzeugungen vereinbaren lasse, sondern er ist der bewaffnete Aufstand gegen ein als unerträglich empfundenes politisches Regime. Außerdem ist der Widerstand nicht Sache eines einzelnen Individuums. Er ist notwendig eine Kollektivbewegung, und zwar mit dem Ziel, ein politisches Regime durch ein anderes zu ersetzen. Wir sind weit von der Frage abgekommen, die wir uns zu Beginn dieser Anmerkung gestellt haben.

Der Begriff der Gewohnheit greift weit über das Gebiet des Rechts hinaus. Es gibt zahlreiche außerrechtliche Gewohnheiten. In einem weiteren Sinne könnte man mit dieser Bezeichnung jedes gesellschaftliche Verhalten belegen, das einen mehr oder weniger verbindlichen Charakter aufweist. Einige dieser Gewohnheiten sind, wenigstens in ihrer gegenwärtigen Form, sehr weit vom Recht entfernt. Viele von ihnen gehören zu dem, was wir Folklore nennen: Das sind meistens Überbleibsel von Institutionen, die früher volle Gültigkeit besessen haben. So ist zum Beispiel die Angewohnheit, sich die Hände zu geben, die erstarrte Form eines echten Vertrages, des Vertragsschlusses durch Handschlag. Andere stehen dem Recht sehr nahe, ohne jedoch Gewohnheitsrecht im eigentlichen Sinne des Wortes zu sein. So ist es mit dem Trinkgeld, das man Angehörigen bestimmter Berufsgruppen aus gesellschaftlichen Gründen einfach geben muß, ohne daß aber auf der Unterlassung eine rechtliche Sanktion stünde. Die Tatsache, daß die Trinkgelder manchmal in den Lohn einbezogen werden, zeigt, wie verwandt die beiden Institutionen sind[25].

Bei der Untersuchung des Gewohnheitsrechts muß man danach unterscheiden, ob es sich um Gesellschaften handelt, die wie die unsere auf gesetzlicher Grundlage leben, oder aber um Gesellschaften, die das Gesetz nicht als die übliche Ausdrucksform des Rechts kennen. Ich beginne mit den letzteren.

Ich habe oben gesagt, daß die früheren Völker unter der Herrschaft des Gewohnheitsrechts lebten, da für sie das Gesetz ein zu kunstvolles juristisches Hilfsmittel war. Die wenig zivilisierten Völkerschaften großer Teile Afrikas, Ozeaniens und Asiens kennen nur das Gewohnheitsrecht. Da sich hier das Recht kaum von der Religion unterscheidet, werden diese Gewohnheiten um so strenger beachtet, als ihre Vorschriften von dem Nimbus des Heiligen umgeben sind, das die Zuwiderhandelnden mit besonders furchtbaren Strafen bedroht[26]. Sie sind

---

[25] Ein anderes Beispiel ist die Kleidung, die zu tragen bald eine rechtliche Übung, bald ein einfacher beruflicher oder gesellschaftlicher Brauch verlangen. Das Tragen irgendeiner Kleidung — manchmal auf ein bloßes Minimum beschränkt — ist von Gesetzes wegen verbindlich: Die völlige Nacktheit an einem öffentlichen Ort ist ein Delikt, das als Erregung öffentlichen Ärgernisses bestraft wird. Es besteht also eine gesetzliche Verpflichtung. Das Tragen einer bestimmten Kleidung, einer Uniform, ist verbindlich bei der Ausübung bestimmter Berufe oder Amtshandlungen (Richter, Anwälte, Soldaten usw.). Es handelt sich hier um eine hergebrachte Verpflichtung, deren Einhaltung im allgemeinen durch Disziplinarmaßnahmen gesichert ist. Schließlich ist das Tragen von Prunkgewändern bei bestimmten Zusammenkünften oder Feierlichkeiten eine gewohnheitsmäßige Verpflichtung nichtrechtlicher Art, was allerdings nicht bedeuten soll, daß sie vollkommen frei von Sanktionen wäre (Lächerlichkeit, Lockerung oder Abbruch von Beziehungen usw.).

[26] Wir befinden uns hier an den Grenzen des Rechts, in dem Bereich, den *Gernet* sehr genau das „prédroit", den vorrechtlichen Bereich, genannt hat.

deshalb verhältnismäßig beständig und werden mündlich überliefert. Seit einiger Zeit ist man dabei, sie zu sammeln, und Forscher, Verwaltungsbeamte und Missionare haben eine große Menge von beträchtlichem wissenschaftlichem Wert zusammengetragen. Zu erwähnen ist u. a. die große Sammlung der „Adats" aus dem malaiischen Archipel, die durch die Bemühungen der niederländischen Regierung zustande gekommen ist[27].

Außer bei den primitiven Völkerschaften läßt sich auch bei Völkern mit sehr viel fortgeschrittenerer Kultur ein üppig blühendes Gewohnheitsrecht feststellen. So hat seit der Auflösung des Karolingerreichs der größte Teil Westeuropas unter der Herrschaft von Gewohnheitsrecht gelebt. Dieses System hat, um nur von Frankreich zu sprechen, in unserem Lande außer in dem Teil, der dem römischen Recht stärker zugänglich war, dem Gebiet des geschriebenen Rechts (hauptsächlich die Provence und der Languedoc), bis zur Revolution bestanden[28]. Seit dem 16. Jahrhundert hat das schriftlich abgefaßte und in seinen großen Linien festgelegte Gewohnheitsrecht sich wenig geändert; es ist jedoch insbesondere im Mittelalter eine lebendige Rechtsquelle gewesen. In dieser Zeit ist es auch von den Juristen, die seine wesentlichen Eigenschaften beschrieben haben, am meisten untersucht worden.

Welche Eigenschaften sind das? Man kann die rechtliche Gewohnheit, scheint es, definieren, als eine überkommene, verbindliche Rechtsregel, die ohne ein eigens dafür geschaffenes Organ von selbst entsteht.

Ich will den ersten dieser Züge, nämlich den verbindlichen Charakter des Gewohnheitsrechts, nur kurz streifen. Wie jeder andere Rechtssatz ist es mit Sanktionen bewehrt und wird normalerweise von den Gerichten, soweit es solche gibt, angewandt. Die romanistischen und kanonistischen Gelehrten, die das Gewohnheitsrecht im Mittelalter untersucht haben, sprechen insoweit von der *opinio necessitatis* und meinen damit die Verbindlichkeit ihrer Regeln, und zwar sowohl für den, dem sie nützen, als auch für den, dem sie Nachteil bringen. Diese Eigenheit unterscheidet die rechtlichen Gewohnheiten von den außerrechtlichen Gewohnheiten.

Bedeutender oder jedenfalls bezeichnender ist die zweite Eigenschaft, der spontane Charakter des Gewohnheitsrechts. Es wird nicht auf eine deutliche und leicht erkennbare Art und Weise herausgearbeitet. Es taucht nicht zu einem bestimmten Zeitpunkt auf. Es wird gewissermaßen

---

[27] Unter den Sammlungen von Eingeborenenbräuchen sind weiter zu erwähnen *Hanotaux* et *Letourneux*, Les Coutumes kabyles, 3 Bde., 1872—1873; Coutumiers juridiques de l'Afrique Occidentale Française, 3 Bde., Larose 1939.

[28] Die wichtigste Sammlung schriftlich abgefaßter französischer „coutumes" ist die von Bourdot de Richebourg, 4 Bde., Folio.

unbewußt und ohne daß man sich dessen versieht aus den Tiefen der
sozialen Gruppe geboren. Man bemerkt seine Existenz erst, wenn es
angewendet wird. Anders ausgedrückt, es besteht bereits, bevor es
jemand in Worte kleidet. Da es regelmäßig amtlich nicht aufgezeichnet
wird, ist es außerdem schwierig, seinen Text oder auch nur seinen allgemeinen Inhalt kennenzulernen. Zweifellos gilt auch für das Gewohnheitsrecht, da es genau wie das Gesetz Ausdruck des gemeinsamen
Willens ist, der Satz, daß „seine Kenntnis bei jedermann vorausgesetzt
wird". Dennoch war es in der Praxis oft sehr lästig, wenn man die
Einzelheiten der Gewohnheit nicht kannte, und zwar aus zwei Gründen:
Einmal war ihr Anwendungsbereich vielfach nicht deutlich abgegrenzt;
er wechselte häufig von einer Ortschaft zum Nachbarort. Zum anderen
gehörte zum bedeutendsten Inhalt des Gewohnheitsrechts der Betrag
der Abgaben, die den Zinsmannen auferlegt waren, und dieser Betrag
war oft umstritten. Es war also äußerst wichtig, die Gewohnheit zu
kennen. Besondere Verfahren wurden zu diesem Zweck geschaffen, die
in Umfragen bei Notablen der Umgegend bestanden. Man nannte sie
„Weistümer", „Öffnungen" oder „Rügen"[29]. Diese unvollkommenen
Verfahren reichten nicht aus, und man kam zu der Erkenntnis, daß es
notwendig sei, den Gewohnheiten eine genaue und verbindliche Fas-
sung zu geben. Das war das Ziel der Ordonnance von Montil-lès-Tours.
Die Aufzeichnung der Normen und ihre Bestätigung durch die öffentliche Gewalt nahm ihnen aber, wie ich weiter oben bemerkt habe, nicht
ihre Eigenart als Gewohnheitsrecht. Mit anderen Worten: die Mündlich-
keit ist keine notwendige Eigenschaft des Gewohnheitsrechts. Das
Gewohnheitsrecht ist bei seiner Entstehung niemals schriftlich niedergelegt; das gilt für das mittelalterliche Europa, wo die Schrift bekannt
war, ebenso wie für primitive Völkerschaften, denen sie unbekannt ist.
Sein spontaner und bis zu einem gewissen Grade unbewußter Charakter widersetzt sich dem. Wenn man die Bestimmungen *utilitatis causa*
aufschreibt, dann kann das an ihrer Natur nichts ändern. Es ist deshalb
meiner Meinung nach völlig unrichtig, wenn man, wie es manchmal
geschieht, behauptet, das Gewohnheitsrecht sei vom Gesetzesrecht
durch die Tatsache unterschieden, daß das erste mündlich und das zweite
schriftlich sei.

Man sagt auch, und zwar noch häufiger, zum Gewohnheitsrecht
gehöre notwendig die Wiederholung gleichartiger Handlungen. Zweifellos existieren enge Bindungen zwischen Gewohnheit und Brauch. Ein
Gewohnheitsrechtssatz entsteht in der Tat in der Mehrzahl der Fälle
aus einer Reihe gleichartiger Handlungen. Aus dieser Wiederholung
entsteht ein soziales Verhalten, das den Namen Gewöhnung annimmt,

---

[29] H. *Pissard*, Essai sur la connaissance et la preuve des coutumes, Jur.
Diss., Paris, 1910. Vgl. A. *Esmein*, „Decem faciunt populum", in Mélanges
P.-F. Girard, Bd. I, S. 457, 2.

und gerade dieses Wort zeigt gut die Nachbarschaft, die Verwandtschaft
zwischen Brauch und Gewohnheit. Im übrigen bestätigt das die Etymologie auch für den französischen Ausdruck Coutume: Coutume kommt
vom lateinischen Wort *consuetudo* (Brauch). Es besteht also vom termi-
nologischen Standpunkt wie von der Sache her eine enge Beziehung
zwischen Brauch und Gewohnheit(srecht). Nichtsdestoweniger halte ich
theoretisch die Wiederholung nicht für notwendig, damit eine Gewohnheit verbindlich wird. Die Definition der Rechtsnorm führt uns vielmehr zu folgendem Ergebnis: Es genügt, daß ein Verhalten mit dem
Kollektivwillen übereinstimmt, damit es rechtmäßig ist; es genügt,
daß es ihm widerspricht, um Sanktionen auszulösen. Im übrigen muß
die Gewohnheit mit einem rechtlich anerkannten Akt begonnen haben,
bevor sie einen „Brauch" bildet.

Die Frage nach der Vernunftgemäßheit („rationalité") des Gewohnheitsrechts ist heikler. Die Kanonisten des Mittelalters wollten, als sie
diese Forderung aufstellten, vor allem gegen gewisse Gewohnheiten
ankämpfen, die ihnen unannehmbar erschienen. Als unannehmbar
betrachteten sie hauptsächlich jene, die im Widerspruch zum kanonischen
Recht und zum verfassungsmäßigen Aufbau der Kirche standen. Wir
haben es also ganz offensichtlich mit einer Theorie zu tun, die von den
besonderen Verhältnissen zur Zeit ihrer Entstehung beeinflußt worden
ist. Paßt das Erfordernis der „Vernunftgemäßheit" noch in die heutige
Zeit? Die angelsächsischen Juristen verlangten weiterhin die *reasonable-
ness* der Gewohnheit, womit sie ausdrücken wollten, daß eine Gewohnheit, die in unmittelbarem Widerstreit mit fundamentalen Grundsätzen des Rechts steht, von den Gerichten nicht als gültig anerkannt
werden kann[30].

In dem andersartigen französischen Rechtssystem stellt sich die Frage
nicht in derselben Weise. Der Richter kennt nur das Gesetz. Wenn
eine Gewohnheit in augenfälligem Widerspruch zu dem Gesetz steht —
wie in dem Beispiel des metrischen Systems, das wir später besprechen
werden[31] —, dann siegt im Konfliktsfall das Gesetz. Und mit gutem
Recht, denn der Wille der umfassendsten Gruppe muß den Sieg über
den untergeordneter Gruppen davontragen. Wie wir aber später ebenfalls sehen werden, bricht der Konflikt meistens nicht aus: Die Gewohnheit kommt nämlich entweder von selbst außer Gebrauch, oder sie
behauptet sich auf beschränktem Gebiet, oder sie breitet sich immer
weiter aus und setzt sich ohne viel Aufhebens an die Stelle des Gesetzes,
das sie durch Nichtgebrauch beseitigt. Infolgedessen stellt sich heute
in Frankreich die Frage nach der Vernunftgemäßheit der Gewohnheit
nicht.

---

[30] Vgl. *Allen*, Law in the making, S. 101 ff.
[31] Unten S. 62.

Wiederum vom gesellschaftlichen Charakter des Gewohnheitsrechts her, indem man es nämlich als Ausdruck des Gruppenwillens betrachtet, räumt man eine letzte Bedingung aus dem Wege, der manche Schriftsteller die Geltung des Gewohnheitsrechts haben unterordnen wollen, seine Eigenschaft als Richterrecht[32]. Sie sind der Ansicht, daß das Gewohnheitsrecht so sehr an gerichtliche Entscheidungen gebunden sei, daß es in Wahrheit aus ihnen entstehe, und daß die Normen des Gewohnheitsrechts ihrem Wesen nach richterliche Entscheidungen seien, die in generelle Normen umgeformt wurden[33].

Es ist etwas Wahres an dieser Ansicht, insofern nämlich, als geschichtlich gesehen einige der ersten Gewohnheitsrechtssätze in Gerichtsentscheidungen formuliert worden sind. Das gilt jedenfalls für das germanische und vielleicht auch für das römische Recht. Es wäre aber unrichtig, daraus zu folgern, daß die Gewohnheit richterlichen Ursprungs sei. Die Richter haben die Rechtssätze nicht ausgearbeitet, sie haben sie nicht geschaffen. Sie haben sie „gefunden", wie es sehr richtig in den alten germanischen Texten heißt[34]. Im übrigen gelangt eine große Anzahl einmütig angewandter Bestimmungen des Gewohnheitsrechts nicht vor die Gerichte, und zwar gerade deshalb, weil niemand.sie bestreitet, und das sind häufig die wichtigsten. Ich meine also, daß die Eigenschaft als Richterrecht keineswegs notwendig zum Begriff der Gewohnheit gehört.

Die letzte Frage, die wir hinsichtlich der Gewohnheit zu prüfen haben, ist die nach der Rolle, die sie in Gesellschaften wie der unsrigen spielt, deren Rechtsordnung auf dem Gesetz, auf der Kodifikation beruht. Vielleicht zeitigt gerade hier eine soziologische Betrachtungsweise die originellsten Ergebnisse, Ergebnisse, die von den üblicherweise gelehrten am meisten abweichen.

Die fast einhellige Meinung der Juristen geht dahin, daß in den modernen Gesellschaften, zum Beispiel in Frankreich, wo das Recht seit der Revolution und den napoleonischen Gesetzbüchern stark ver-

---

[32] Die gerichtliche Herkunft des Gewohnheitsrechts haben *Sumner Maine* (Ancient Law, Kap. 1) und besonders *Édouard Lambert* (La fonction au droit comparé) Bd. I (allein erschienen) behauptet. Bestritten haben sie umgekehrt *Vinogradoff*, Historical Jurisprudence, Bd. 1, S. 363, und *Allen*, a.a.O., S. 102.

[33] Es versteht sich nichtsdestoweniger von selbst, daß die Gerichtsentscheidungen erheblich dazu beigetragen haben, das Gewohnheitsrecht herauszuarbeiten, und daß sie es sehr oft erst präzisiert haben.

[34] Das gilt nicht weniger für die modernen Richter. Wie *Jerome Frank* sagt (Law and the modern mind, S. 32), erfinden sie das neue Recht ebensowenig, wie Christoph Kolumbus Amerika „erfunden" hat. Man kann dasselbe vom Gesetzgeber sagen, und Portalis, Soziologe, ohne es zu wissen, hatte diesen Gedanken schon mit Nachdruck in dem „Discours préliminaire du Code civil" ausgesprochen.

einheitlicht und zentralisiert worden ist, das Gewohnheitsrecht nur eine außerordentlich geringe Rolle spielt. Zweifellos glaubt man nicht mehr wie zur Zeit der „École de l'exégèse", daß das Gesetz die einzige Rechtsquelle sei, und man räumt dem Gewohnheitsrecht durchaus seinen Platz ein; aber dieser Platz ist sehr bescheiden. Man weist darauf hin, daß der Code civil selbst von den usages locaux, vom Ortsgebrauch, spreche; tatsächlich streift er aber nur einige untergeordnete rechtliche Fragen, die fast ausschließlich das ländliche Leben betreffen. Die modernen Juristen dehnen den Begriff „Coutume" über diesen engen Bereich hinaus aus, und sie neigen dazu anzunehmen, daß sich gewohnheitsrechtliche Normen auch anderswo als in ländlichem Milieu ausbilden, zum Beispiel in den Berufsgruppen, die es zu Beginn des 19. Jahrhunderts noch gar nicht gab und die in unseren Tagen eine beträchtliche soziale Bedeutung gewonnen haben. Dennoch ist, wie gesagt, das Gewohnheitsrecht selbst für die aufgeschlossensten unter ihnen wie Gény lediglich eine völlig nebensächliche Rechtsquelle, die im Vergleich zum Gesetz kaum Bedeutung hat[35].

Ich halte diese Ansicht für irrig. So paradox es auch klingen mag, ich meine, man sollte gerade umgekehrt zugeben, daß das Gewohnheitsrecht auch heutzutage eine Rolle allerersten Ranges spielt. Es ist der wahre Motor des Rechts. Aber um das zu begreifen, muß man aufhören, die Dinge als Techniker zu betrachten und sich in einen Soziologen verwandeln.

Kommen wir noch einmal auf unseren Ausgangspunkt zurück, insbesondere auf unsere Feststellung über die unvermeidbare Kluft zwischen dem dynamischen Recht und dem statischen Gesetz. Unbeweglich, eingezwängt in den Wortlaut der Gesetzesbestimmung, kann die Rechtsordnung auf die Schwierigkeiten, die das soziale Leben mit sich bringt, keine angemessene Antwort geben. Zweifellos gelingt es manchmal, dem Text mit Hilfe von Spitzfindigkeiten ohne Abänderung des Wortlauts einen anderen Sinn unterzuschieben — wir haben das weiter oben gesehen —, aber in vielen Fällen ist dieser Rückgriff auf eine schöpferische Auslegung nicht möglich. Und so wird das Gesetz weiter angewendet, bis es in zu offensichtlichem Widerspruch zu den gewandelten Anforderungen des Lebens steht. Alsdann kommt es außer Gebrauch. Das ist die Endstation, das Schicksal, das die scheinbar solidesten Gesetze erwartet. Alle Gesetzestexte unterliegen früher oder später dieser unerbittlich zerstörenden Kraft, die man mit der durch atmosphärische Einflüsse auf der Erdoberfläche bewirkten Erosion vergleichen kann. Wie nun soll man diese Kraft nennen, die zugleich das gegenwärtige Recht zerstört und das der Zukunft aufbaut, wenn nicht Gewohnheitsrecht? Sie entspricht tatsächlich den Voraussetzungen,

---

[35] Gény, a.a.O., I, S. 387 ff.

die man an diese Rechtsquelle stellt, das heißt, sie ist verbindlich und entsteht von selbst. Es ist besonders die Spontaneität, die die Juristen getäuscht und davon abgehalten hat, die volle Bedeutung, die dem Gewohnheitsrecht in der modernen Welt zukommt, zu erkennen. Von Berufs wegen daran gewöhnt, ihre Aufmerksamkeit auf die Texte zu richten, übersehen sie die stille, unaufhörliche Arbeit, die jene Stück für Stück ihres Inhalts beraubt.

Ist das aber nicht, wird man einwenden, eine rein theoretische Betrachtungsweise, eine Lehrmeinung ohne Stütze in der Wirklichkeit? Man lasse sich eines Besseren belehren. Dieses Werk der Gewohnheit, das zugleich die alte Ordnung zerstört und eine neue aufbaut, vollzieht sich vor unseren Augen und drückt sich in konkreten Erscheinungen aus, die für den deutlich genug sind, der die Dinge sehen will, ohne sich von weithin obsoleten Texten den Blick verstellen zu lassen. Man kann daher ohne Übertreibung behaupten, daß es die reinen Techniker unter den Juristen sind, die gehandicapt und geradezu geblendet werden durch ihre Lehre oder, genauer, durch ihre Empirie, durch ihre berufliche Prägung.

Es genügt tatsächlich, die Dinge unvoreingenommen zu betrachten, um festzustellen, wie viele Gesetze nicht mehr angewandt werden. Ich spreche hier nicht von denen, die eine den Vorstellungen ihrer Verfasser so widersprechenden Deutung erfahren haben, daß die Auslegung des scheinbar geachteten, in Wahrheit aber mißbrauchten Wortlauts einer Nichtanwendung gleichkommt, sondern von der völligen, radikalen und sozusagen anerkannten und gebilligten Nichtanwendung. Es wäre eine sehr interessante Aufgabe, einmal die Gesetzesbestimmungen herauszusuchen, die nicht angewandt werden, die vielleicht niemals angewandt worden sind. Ich wäre nicht überrascht, wenn von den 2.281 Artikeln des Code civil heute gut die Hälfte toter Buchstabe wäre. Es geht hier auch nicht allein um die gerichtliche Anwendung: Viele Rechtssätze kommen, wie ich weiter oben gesagt habe, gar nicht vor die Gerichte: Ich meine die, die von den Benutzern vergessen, unbeachtet gelassen oder verdreht worden sind. Es wäre weiterhin sehr interessant, die Gründe für diese Nichtanwendung von Gesetzen näher zu untersuchen. Sicher, wir kennen die allgemeine Ursache, nämlich die Änderung der sozialen Gruppe, aber über diese allgemeine Ursache hinaus gibt es in vielen Fällen besondere Gründe, die die Unwirksamkeit des Gesetzes oder den Widerstand gegen seine Beachtung erklären. Sehr oft werden das eigensüchtige Gründe sein. Das Gesetz wird verdreht, damit man Abgaben, die man für zu drückend hält, nicht bezahlen muß. Ursache können aber auch Unkenntnis, mangelnde Anpassungsfähigkeit oder Angst vor der Änderung althergebrachter Bräuche sein. Ein Beispiel bietet das Gesetz, das die Sommerzeit eingeführt hat.

Mehrere Jahre hindurch wurde es auf dem Land nicht beachtet. Ebenso ist das metrische System, das immerhin ein viel längeres Alter hat und aus der Zeit der Revolution stammt, noch lange nicht überall bei den Bauern in Gebrauch. Insbesondere bei den Flächenmaßen benutzen sie nicht die Ausdrücke Quadratmeter, Ar, Hektar usw., sondern arpent (Joch), perche (Meßrute), journaux (Morgen), die aus der Zeit des Ancien Régime stammen. Man wird sicher einwenden, hier handele es sich nicht um eine verbindliche Gewohnheit, sondern um ein Überbleibsel ohne jede rechtliche Bedeutung. Man kann darüber streiten und sich fragen, ob wir es hier nicht mit einem der Fälle zu tun haben, in dem eine Sekundärgruppe — hier die Klasse der Bauern — besondere Rechtsnormen ausbildet und bewahrt und zu Recht oder zu Unrecht glaubt, daß sie ihrer Art zu leben angemessener seien. Scheinen diese ländlichen Gewohnheiten in die Vergangenheit gerichtet, so findet man ohne Mühe andere, die, ebenfalls neben dem Gesetz oder schlankweg gegen das Gesetz entstanden, offensichtlich in die Zukunft weisen und zweifellos das Recht von morgen vorbereiten. Es handelt sich dabei um bestimmte Vereinbarungen, wie sie Kaufleute, hauptsächlich Bankiers, benutzen, sowie um Verträge und Versicherungspolicen, wie man sie im industriellen Leben verwendet. Soweit Praktiken dieser Art, selbst wenn sie das Gesetz verletzen, ohne Widerspruch von der Umwelt anerkannt werden, kann man sagen, daß sie echtes Gewohnheitsrecht bilden, da sie nämlich auch ohne die Sanktion des Gesetzgebers Verhaltensweisen darstellen, die sich den Beteiligten aufzwingen. Zweifellos werden sie, kommen sie vor die Gerichte, meistens nicht gebilligt werden, jedenfalls soweit sie in unmittelbarem Widerspruch zum Gesetz stehen. Aber man wird sich hüten, ihretwegen einen Prozeß zu führen.

So gibt es unterhalb des offiziellen Rechts, das sich im Gesetz und auf niedrigerer Stufe in den Gerichtsentscheidungen niederschlägt, noch eine viel reichere, viel buntere, aber auch viel schwerer zu entdeckende Rechtswirklichkeit. Deren Erforschung stößt in der Praxis auf zahlreiche Widerstände verschiedenster Art: Vielfalt und Verstreutsein der Urkunden, Unkenntnis und häufig schlechter Wille der Beteiligten, die sich nur ungern bereit finden, die Verfahren, die sie anwenden, bekanntzugeben, besonders wenn sie, was der häufigste und interessanteste Fall ist, unmittelbar dem Gesetz zuwiderlaufen. Dennoch wäre eine solche Untersuchung reizvoll, denn sie allein würde erlauben, die Rechtswirklichkeit, von der die Gesetzestexte und selbst die Gerichtsentscheidungen nur trügerische Bruchstücke wiedergeben, kennenzulernen. Eine derartige Arbeit übersteigt aber die Arbeitskraft eines Menschen. Dagegen könnte sie sehr gut durch eine Gruppe von Forschern in Form einer systematischen Untersuchung durchgeführt werden. Ein erster Versuch in dieser Richtung wurde auf Veranlassung des

Centre d'Études sociologiques vorgenommen[36]. Er blieb nicht ohne
Erfolg. Das Werk müßte von einer größeren Zahl von Forschern, die
man durch entsprechende Mittel in ihrer Arbeit unterstützen müßte,
fortgesetzt werden. Diese Mittel könnte man sicher ohne allzu große
Schwierigkeiten beschaffen. Viel schwieriger ist es wahrscheinlich, eine
Gruppe junger Juristen zusammenzubekommen, die in der Lage sind,
die Bedeutung des Unternehmens zu erkennen und mit Begeisterung
daran mitzuarbeiten. Sie müßten zu diesem Zweck, frei von einer zu
scholastischen und engen technischen Auffassung vom Recht, deutlich
von dessen sozialem Charakter durchdrungen sein.

Die vorstehenden Erörterungen lassen sich zwanglos in den folgenden
drei Sätzen zusammenfassen:

1. Eine soziologische Theorie der Rechtsquellen schenkt der Theorie
ihre Einheit wieder. Es gibt in Wirklichkeit nur eine Rechtsquelle: den
Kollektivwillen. Dieser Wille findet seinen Ausdruck in den verschiedensten technischen Mitteln: Gesetz, Gewohnheitsrecht, Rechtsprechung
usw. Zwischen diesen bestehen nur zweitrangige Unterschiede. Alle
sind Ausdrucksformen der Gesamtheit.

2. Die soziale Gruppe, von der die Rechtsnormen herrühren, ist nicht
ausschließlich der Staat. Sie kann über- oder unterstaatlich sein. Sie
wandelt sich unaufhörlich infolge quantitativer oder qualitativer Veränderungen in den Personen ihrer Mitglieder und infolge von Einflüssen
aller Art, denen sie sich ausgesetzt sieht. Daraus folgt, daß das Recht,
das lediglich ihre Willensregungen ausdrückt, sich ebenfalls in dauerndem Wechsel befindet. Aber diese Beweglichkeit, die Wandelbarkeit
der Rechtsnormen steht im Widerspruch zu der Starrheit, der Beständigkeit, die auf diesem Gebiete notwendig sind, um die Sicherheit
der sozialen Beziehungen zu gewährleisten. So kommt es zu dem, was
man das „Drama des Rechts" nennen könnte: Der Richter sieht sich
im Zweifelsfall gezwungen, ein Gesetz anzuwenden, das in seinem
Wortlaut den Anforderungen der Gerechtigkeit nicht mehr genügt.
Daher diese Taschenspielertricks, zu denen man manchmal greift, um
einem Gesetzestext einen Sinn beizulegen, der von dem Willen des
Verfassers abweicht oder ihm gar entgegengesetzt ist.

3. Ein Gesetzestext ist gewissermaßen schon am Tage nach seiner
Verkündung überholt. Das geltende Recht unterliegt andauernd zer-
störerischen Einflüssen. Aber das sterbende Recht wird notwendigerweise durch ein neues Recht ersetzt. Vielleicht unterscheidet sich hier
die soziologische Rechtsauffassung am deutlichsten von der klassischen

---

[36] Roger Houin, Une enquête sur la condition juridique de l'enfant, in:
Revue trimestrielle de droit civil, 1950. Untersuchungen derselben Art, ebenfalls organisiert unter der Leitung des Centre d'Études sociologiques, über
kriminologische Tatbestände (Untreue, Betrug usw.) sind gerade im Gange.

Auffassung. Diese räumt jeder anderen Quelle als dem Gesetz in Systemen wie den unseren, die auf der Kodifikation beruhen, nur einen sehr beschränkten Platz ein. Diese Sicht wird von einer vorurteilsfreien Betrachtung nicht bestätigt. Das Recht, so wie es angewandt wird — das lebende Recht —, ist völlig anders als das Bild, das die Lektüre der Gesetzbücher oder sogar der Rechtsprechung, die der Wirklichkeit doch viel näher steht, vermitteln kann. Wie soll man Rechtsnormen einordnen, die zwar vom offiziellen Gesetzesrecht abweichen, die aber doch eindeutig in mehr oder minder weiten Bereichen der sozialen Gruppe Anwendung finden, wenn nicht als Normen des Gewohnheitsrechts. Daraus folgt, daß das Gewohnheitsrecht eine unendlich viel größere Rolle spielt, als die Juristen allgemein zugeben, und zwar sogar in den modernen kodifizierten Rechten.

Um meinen Gedanken zu Ende zu führen, räume ich gern ein, daß die Rechtsprechung selbst, soweit sie schöpferisch tätig ist, eine Art Gewohnheitsrecht darstellt: Es ist ein richterliches Gewohnheitsrecht, dessen verbindlicher Charakter zweifellos ausgeprägter ist als der, der sich in der einfachen Übung zeigt, und zwar weil es (wenigstens in unseren modernen Gesellschaften) durch die öffentliche Gewalt durchsetzbar ist; aber es ist wie die tatsächliche Übung eine Ansammlung von Gewohnheitsrechtssätzen, die das bestehende Recht auf unmerkliche Art abändern und deren Kraft zumeist aus der Zahl und der Stetigkeit der im gleichen Sinn ergangenen Entscheidungen resultiert. Wenn dem aber so ist, dann gibt es nur zwei Rechtsquellen, das Gesetz und das Gewohnheitsrecht, oder sogar nur eine wahre, immerwährende Quelle, das Gewohnheitsrecht; das Gesetz ist nichts als ihr notwendig kurzlebiger Niederschlag.

V. Über den Formalismus[1]

Man könnte den Formalismus vielleicht definieren als eine Ordnung, in der die Form gegenüber dem Stoff vorherrscht, und zwar dergestalt, daß die Einhaltung vorherbestimmter Förmlichkeiten ausreicht, um die gewünschten Wirkungen hervorzurufen, ohne daß es daneben auf irgendein anderes Element, wie etwa die Absicht des Urhebers des fraglichen Aktes, ankäme. Der Formalismus bringt also eine Art Automatismus mit sich, so daß man ihn mit einem Präzisionsmechanismus vergleichen konnte. Er trägt in die sozialen Beziehungen die Strenge und, wenigstens dem Anschein nach, die Sicherheit, die in der Körperwelt herrscht. Die Anwendung einer Formel, eines Ritus, eines Symbols

---

[1] Auszug aus den ‚Cahiers internationaux de Sociologie', Bd. XV, 1953.

löst unmittelbar, ohne daß man darüber streiten könnte, ein von vornherein bekanntes Ergebnis aus.

Wie man sich leicht denken kann, hat der Formalismus seine gleichermaßen überzeugten Gegner und Verteidiger gehabt. Die ersteren ver-
fehlen nicht darauf hinzuweisen, daß die Form an sich nichts ist, daß
sie nur ein trügerischer Schein ist, wenn sie nicht genau dem Stoff
entspricht, den sie bekleidet. Es gibt keine Religion, die nicht zur Erhaltung ihrer Lebenskraft gegen lähmenden Ritualismus ankämpfen
mußte, und jede kann das berühmte Wort des hl. Paulus auf sich beziehen: „Der Buchstabe tötet und der Geist macht lebendig." In dem
Bereich irdischer Dinge, besonders auf dem Gebiete des Rechts, war
der Formalismus ätzendem Spott von seiten der allergrößten Geister
ausgesetzt. Es genügt, die Namen Rabelais und Beaumarchais anzuführen. Uns näher, auf weniger hoher Ebene, Courteline.

Er hat andererseits Verteidiger gefunden, deren berühmtester R. v.
Ihering gewesen ist. In seinem bekannten Hauptwerk „Geist des römischen Rechts" schreibt der große deutsche Jurist, der Formalismus
schütze den Schwachen gegen die Gewalt oder die List der Starken,
und er erkennt ihm den schönen Titel „Palladium der Freiheit" zu. Es
ist in der Tat nicht zweifelhaft, daß die Beobachtung genauer, strenger
und öffentlicher Formen eine Garantie ist gegen betrügerische Machen-
schaften, die in den dunklen Tiefen zweifelhafter Seelen geboren werden
und dort Gestalt annehmen.

Es geht hier nicht darum, in diesen Streit einzugreifen. Ich beschränke mich auf die Bemerkung, daß Befürworter und Gegner des
Formalismus, oft mit großer Beredsamkeit und viel Geist, seine Vor-
und Nachteile geschildert haben, daß sie aber im allgemeinen nicht
daran gedacht haben, seine Natur zu untersuchen. Dieser Untersuchung
sind die folgenden Seiten gewidmet.

Man kann den Formalismus nicht begreifen, wenn man versäumt,
ihn in seinem geschichtlichen Zusammenhang zu sehen. Man muß mit
anderen Worten prüfen, in welchen Gesellschaften man diese soziale
Erscheinung im voll entwickelten Zustand antrifft.

Ohne Zweifel ist der Formalismus am stärksten bei den archaischen
Völkerschaften, bei den am wenigsten „entwickelten" verwurzelt, und
zwar so sehr, daß man ihn als einen der Wesenszüge der sogenannten
primitiven Denkart ansehen kann. Missionare, Reisende und Ethno-
graphen haben unzählige Beispiele für die Tätigkeit dieses autonomen
Mechanismus zusammengetragen, der dem Vollzug des Ritus, gleichgültig ob er aus Worten oder aus Gebärden besteht, volle Wirkungskraft
zuerkennt. Am auffallendsten wegen seines oft malerischen Anblicks

und wegen der Schwere der Folgen, die es nach sich zieht, ist das Ordal. Bei vielen afrikanischen Stämmen ist unschuldig, wer bei der Probe Gift trinkt, ohne nachher Beschwerden zu verspüren; wer es ausbricht, ist schuldig. Man kann sagen, daß sich der Mechanismus dieser Einrichtung hier im Reinzustand zeigt. (Wir werden noch sehen, daß man bei einer derart vereinfachenden Analyse nicht stehen bleiben darf.) Neben den Ordalien setzen bei diesen Völkerschaften viele andere Praktiken einen unerschütterlichen Glauben an die Wirksamkeit des Ritus voraus. Bleibt er trotz allem wirkungslos — hat es zum Beispiel trotz der rituellen Prozession nicht geregnet —, dann beruht das darauf, daß er nicht richtig vollzogen worden ist. Der Glaube an die Kraft der heiligen Formen bleibt unerschütterlich. Man könnte meinen, eine derartige Geisteshaltung sei das Los archaischer Völkerschaften und der Formalismus werde in dem Maße geringer, in dem man sich in die höheren Lüfte der Zivilisation erhebe, bis er schließlich ganz verschwinde. Wenn diese Ansicht auch im großen ganzen richtig ist, so muß man sie doch präzisieren und in mancher Hinsicht einschränken.

Zunächst scheint es sicher, daß die erwähnte Denkungsart an eine bestimmte soziale Organisation und an eine bestimmte Lebensweise gebunden ist. Sie ist, wie wir gesehen haben, bei den Völkern mit unausgebildeter gesellschaftlicher Organisation, die kaum das Stadium des Stammes oder des Clans überwunden haben, allgemein verbreitet. Bei den Völkern höherer Kultur fällt auf, daß man sie viel häufiger auf dem Lande als in den städtischen Ballungszentren antrifft. Dies hängt zweifellos damit zusammen, daß die Bedingungen des Landlebens der Aufrechterhaltung von Traditionen günstig, weniger günstig aber der Entwicklung eines kritischen Geistes sind. Es ist bezeichnend, daß in der klassischen Antike, in Griechenland und in Rom, die Entstehung der Stadt zusammenfällt mit einem deutlichen Nachlassen des Formalismus.

Heißt das, daß er aus unseren heutigen Gesellschaften vollständig verschwunden ist? Es wäre ein großer Irrtum, das zu glauben. Es gibt keine soziale Gruppe, die ihn nicht praktiziert. Selbst bei den Gruppen, die uns am weitesten entwickelt erscheinen — nämlich bei unseren eigenen —, fällt es bei näherem Hinsehen nicht schwer, Beispiele für die Anwendung des Formalismus zu finden, die alles andere als bloße Überbleibsel sind. Sicherlich, Überbleibsel gibt es. Ich erwähne nur eines, den Eid. Diese Institution, die in der Vergangenheit eine große Rolle gespielt hat und die man meines Erachtens in einem weiteren Sinne als eine Art Ordal betrachten kann, lebt immer noch in unseren Sitten und in unserem Recht fort. Aber es ist eine Institution, die abstirbt. Im Gegensatz dazu gibt es noch sehr lebenskräftige, die der Form oder dem Symbol einen weiten Platz einräumen und die nicht

alle dem Bereich des Verfahrens, dem — wie Brid'oye und Bridoison
aufzeigen — Lieblingsfeld des Formalismus angehören. Man weiß,
welche Rolle die Unterschrift in den Verträgen spielt, in den Testa-
menten, bei privaten und öffentlichen Geschäften. Sie ist die verkör-
perte Form des Willens, den der Verfasser in dem Schriftstück ausgedrückt hat. Aus dem Vorhandensein oder dem Fehlen dieser Form ergeben sich bedeutende Folgerungen. Auch das Geld ist im übrigen
nichts anderes als ein reines Symbol. Ein kleines Stück Papier, ohne
jeden Wert, gilt Tausende oder Millionen von Münzeinheiten auf Grund
des sozialen Vertrauens, das ihm anhaftet. Die großen Stufen im Leben
eines heutigen Menschen, Geburt, Heirat, Tod usw., sind umgeben von
unumgänglichen Förmlichkeiten. In der Bankpraxis ist eine bestimmte
Form, und zwar sine qua non, zum Beispiel für die Ausstellung von
Wertpapieren vorgeschrieben.

Diese Beispiele, aus vielen anderen herausgegriffen und dem juristischen und wirtschaftlichen Bereich entnommen, laufen Gefahr, einen
unvollständigen und falschen Eindruck von der beträchtlichen Bedeutung des Formalismus in unserem modernen Leben zu vermitteln. Tatsächlich umgibt er uns von allen Seiten. Von der Geburt bis zum Tode
sind wir in ein so festgefügtes Netz täglicher Verpflichtungen einge-
spannt, daß wir uns dieser Sklaverei kaum bewußt sind und sozusagen
nicht darunter leiden. Alle unsere familiären, gesellschaftlichen, beruf-
lichen und sonstigen Beziehungen unterliegen sehr genauen Formen,
auf deren Nichtbeachtung Sanktionen stehen, die, obwohl nicht gesetz-
lich vorgesehen, doch mitunter außerordentlich schwer sein können.
Unser Verhalten, unsere Sprache, unsere Gebärden, ja sogar unsere
Kleidung sind ebenfalls Formen, die uns auferlegt sind und von denen
wir uns nicht frei machen können. Ich lasse trotz seines Interesses
diesen „diffusen" Formalismus beiseite, um mich auf den folgenden
Seiten, wie ich es schon früher getan habe, mit ihm nur insoweit zu
befassen, als er institutionellen Niederschlag gefunden hat.

Der Formalismus ist also auch noch in unseren Tagen weit verbreitet.
Und doch gewahrt man bei genauerer Betrachtung bald grundsätzliche
Unterschiede zwischen dem primitiven, antiken Formalismus und dem
moderner Gesellschaften. Man kann den einen, ohne den Dingen Gewalt anzutun, als religiösen Formalismus bezeichnen, den anderen als
Sicherheitsformalismus. Daß die Ehrfurcht vor Formen aus einem
religiösen Gefühl herrührt, erscheint offensichtlich. Der Ritus ist von
unfehlbarer Wirksamkeit, die sich nur deshalb allen aufzwingt, weil er
einen heiligen Charakter besitzt. Seine Autorität beruht nicht auf
logischer Schlußfolgerung, die sich an den Verstand wendet. Er bezieht
seine unwiderstehliche Kraft von übernatürlichen Mächten, deren Dol-
metsch er ist. Wenn die heiligen Hühner das Futter verweigern und

damit zum Verzicht auf einen Feldzug zwingen, dann ist der übernatürliche Einfluß offensichtlich. Er ist nicht weniger vorhanden, wenn
auch weniger fühlbar, wenn der römische Kläger seinen Prozeß verliert,
weil er im *Sakramentsverfahren* seinen Stab schlecht auf die Streit-
sache gestellt hat. Dieser mystische Formalismus scheint weltumfassend
gewesen zu sein, aber er neigt dazu, im Laufe der Geschichte mit ihrem
allgemeinen Zug zur Profanierung zu verschwinden. Mitunter bleiben
Riten erhalten, selbst wenn sie ihre Bedeutung verloren haben: Das
sind nicht mehr als Überbleibsel, Bestandteile der Folklore, deren ursprünglicher Sinn in Vergessenheit geraten ist. Um sie zu verstehen,
braucht man sie nur wieder in ihren ursprünglichen Rahmen einzu-
setzen: Dort finden sie jenen religiösen Charakter wieder, der allein
ihre Wirksamkeit erklärt. Merken wir bei dieser Gelegenheit an, daß
der antike Formalismus niemals, wie man glauben könnte, mit Hilfe
eines reinen quasi-physischen Mechanismus wirkt. Er ist seinem Wesen
nach psychologisch, da er nämlich die Wirksamkeit von Riten und
Formeln Willensvorgängen zuschreibt, auch wenn diese Willensvorgänge
nur in der Phantasie existieren[2].

Dieses religiöse Element ist untrennbar von einer gewissen Gefühls-
beteiligung. Im großen und ganzen wendet sich die Religion mehr an
das Herz als an den Verstand. Die Vollziehung des Ritus verschafft
eine gewisse Befriedigung. Seine Nichtbeachtung ruft ein Unbehagen
hervor, das sich häufig in heftige Affektreaktionen umsetzt, die sogar
zum Tode des Zuwiderhandelnden führen können. Man ist oft erstaunt
über die Heftigkeit der Sanktionen, welche jene treffen, die ein in
unseren Augen unbedeutendes Tabu verletzen. Das rührt daher, daß
diese Formen von höheren Mächten *ne varietur* eingesetzt sind und
nicht verändert werden dürfen, will man sich nicht ihren schrecklichen
Zorn zuziehen. Sie müssen um so genauer beachtet werden, als man
sich ihre Wirkungsweise nicht erklären kann, ja nicht einmal zu erklären versucht. Es ist deshalb nicht erstaunlich, daß die Symbole
Gegenstand ganz besonderer Verehrung sind. Die Anbetung heiliger
Dinge entspricht dem Maß des Geheimnisses, das sie umgibt, und der
Furcht, die von ihnen ausgeht.

Dagegen ist der moderne Formalismus frei von jedem religiösen
Charakter und meistens[3] auch von jeder Gefühlsbezogenheit. Er ist

---

[2] Man sieht hieraus, daß man der Formel des verstorbenen Romanisten
Pierre Noailles nicht folgen kann: „Der Ritus schafft das Recht." Diese
Formel ist bestechend, aber sie muß präzisiert und verbessert werden. Der
Ritus für sich selbst ist nichts, er ist jedoch Ausdruck eines von jenseits
gekommenen Willens. Deshalb ist es genauer zu sagen: „Der Ritus offenbart
das Recht."

[3] Gewisse Symbole, gewisse Embleme bleiben von einem Gefühl umgeben,
das dem religiösen Gefühl sehr nahe ist. Zumindest sind sie fähig, eine

wesensmäßig von Sach- und Nützlichkeitserwägungen geprägt. Sein
Ziel ist es, die sozialen Beziehungen zu erleichtern, indem er jedem
einzelnen Mittel zur Verfügung stellt, deren Bedeutung unmißver-
ständlich und allgemein bekannt ist. Die Benutzung dieser Förmlichkeiten, weit davon entfernt, das soziale Leben zu komplizieren, geschieht im Gegenteil, um es zu erleichtern, genau so wie etwa die Verwendung von Zeichen in der Mathematik oder in der Chemie, die
übrigens ebenfalls — keineswegs zufällig — den Namen Symbol tragen.
Dieser Formalismus leistet außerdem die Dienste, die Ihering erwähnte:
Indem er die Art der vorgenommenen Geschäfte genau bestimmt,
schließt er jede Unklarheit hinsichtlich der eingegangenen Verpflichtungen aus und schiebt Betrügereien einen Riegel vor. Die Anwendung
vorgegebener Formen ist, wenn es sich um die Verteidigung unver-
zichtbarer Interessen oder um den Schutz von Schwachen — jener, die
das Gesetz die „Unmündigen" nennt — handelt, um so notwendiger,
als in den fortgeschritteneren Kulturen im allgemeinen allen Nuancen
eines selbst unausgesprochenen Willens eine viel größere Bedeutung
zukommt und der übliche Vertragstypus der des Konsensualvertrages
ist.

Dennoch darf man auf diesem Weg nicht allzu weit gehen. Der
moderne Formalismus ist nicht gefeit gegen Mißbrauch. Er ist heutzutage wegen seiner Mängel sogar viel mehr im Gespräch als wegen
seiner Vorteile. Wenn wir uns die Definition ins Gedächtnis zurück-
rufen, die wir zu Beginn dieses Artikels vorgeschlagen haben, nämlich
daß es sich um eine Ordnung handele, bei der die Form über dem
Inhalt steht, dann darf man den Formalismus sicherlich nicht länger
dulden. Für alle Zukunft ihrer mystischen Stütze beraubt, beschränkt
auf eine niedrigere, aber wohltätige Rolle als Mittel und Schutz, dürfen
die Förmlichkeiten keinen anderen Wert als eben diesen haben. Allerdings geschieht es häufig, daß man der Form auf Grund eines gewissen
Schlendrians, aus Geistesträgheit eine Tragweite beimißt, die ihr nicht
zukommt, und sie über den Inhalt siegen läßt. So oft man sie auch an-
prangert, ausgerottet werden diese Mißbräuche nur durch andauernde
Wachsamkeit.

Wenn wir nun die Auswüchse des Formalismus beiseite lassen und
herauszufinden suchen, was seine wahre Natur ausmacht, dann werden
wir sehr rasch erkennen, daß er in seinen beiden Erscheinungsformen
— sowohl bei primitiven Völkern als auch in modernen Gesellschaften
— auf demselben Grundprinzip beruht. In beiden Fällen haben wir es
mit einem Beziehungssystem zu tun. Die Förmlichkeit — handele es sich
um eine Eintragung in ein Register, um eine rituelle Handlung, um

---

Hingebung hervorzurufen, die bis zur Aufopferung des Lebens führen kann.
Man denke nur etwa an die Fahne.

das Aussprechen einer sakramentalen Formel oder das Tragen einer Uniform — ist immer und überall das erkennbare Zeichen der Übereinstimmung eines Aktes mit dem Willen der sozialen Gruppe. Diese billigt das Verhalten des Individuums, welches, sich den vorgeschriebenen Verhaltensweisen unterwerfend, ihren Erwartungen entsprochen hat. Es geschieht alles so, als hätte die Gesellschaft Rahmen aufgestellt, in die sich die Tätigkeit ihrer Mitglieder einfügen muß, oder wenn man dieses Bild vorzieht, als hätte sie Schildchen angefertigt, die ihr auf einen Blick zu erkennen gestatten, ob die vorgenommene Handlung erlaubt ist oder nicht.

Man sieht hier den engen Zusammenhang zwischen der Form und dem Beweis. Der Beweis ist wie die Form der Prüfstein für die Zulässigkeit einer Handlung, für ihre Übereinstimmung mit dem Willen der sozialen Gruppe. Man könnte sogar versucht sein zu sagen, daß die Form, die eine Handlung umkleidet, ein vorweggenommener Beweis sei. Aber diese Ausdrucksweise wäre nicht ganz genau. Tatsächlich kommt ein Beweis nur im Falle eines Bestreitens in Frage, und dieser Fall ist die Ausnahme. Prozesse beziehen sich, wie man gesagt hat, nur auf das „kranke" Recht. Die Formen wurden nicht im Hinblick auf diesen möglichen Fall geschaffen. Es scheint richtiger zu sagen, daß umgekehrt die Beweismittel insoweit Formen sind, als sie sich Umstände zunutze machen, die geeignet sind, die Überzeugung der Gruppe in die gewünschte Richtung zu lenken. Wenn es aber so ist, dann besitzt die klassische Unterscheidung der Juristen zwischen den *ad probationem* und den *ad solemnitatem* vorgeschriebenen Formen keinen entscheidenden Wert. Wichtig vom Standpunkt der Praxis aus, hat sie kaum eine dogmatische Grundlage, denn der Beweis und die feierliche Förmlichkeit sind nur verschiedene Erscheinungsformen ein und desselben Bedürfnisses des sozialen Verbandes.

Erfüllt die Form tatsächlich eine derart wichtige Aufgabe und antwortet sie auf solch dauerhafte Bedürfnisse, dann drängt sich die Frage auf: Woher kommt es, daß sich die allgemeine Entwicklung des Rechts als eine allmähliche Lösung vom Formalismus darstellt, daß formlose Handlungen ständig zunehmen? Aus der Nähe betrachtet, sind derartige Formeln einfältig und überholt. Die Fälle, in denen der menschliche Wille von Formen umgeben ist, sind zahlreicher denn je. Es genügt, die Eheschließung zu erwähnen, die in Rom auf bloßem gegenseitigem Einverständnis beruht zu haben scheint und die heutzutage wohlbekannten Förmlichkeiten unterliegt. Man sagt oft, gerade im Vertragsrecht bestätige sich die Regel: Wir leben nämlich theoretisch unter der Herrschaft der Vertragsfreiheit oder, anders ausgedrückt, der Willensfreiheit. Der Art. 1134 unseres Code civil bestimmt, daß die „gesetzmäßig zustande gekommenen Verträge für die, die sie abge-

schlossen haben, Gesetzesstelle vertreten". Diese Maximen sind der
Ausdruck des Individualismus, der im 19. Jahrhundert herrschte. Heute
muß man sie wesentlich abschwächen. Die Vertragsfreiheit ist oft nur
ein leerer Wahn, und in sehr vielen Fällen bleibt dem Willen der
Parteien nur ein ganz enger Spielraum. Nicht selten greift auch die
öffentliche Gewalt ein, sei es, um den Rechten der Allgemeinheit Beachtung zu verschaffen, sei es, um die „wirtschaftlich Schwachen" gegen
die Ausbeutung jener, die im Überfluß besitzen, zu schützen. Aus alledem folgt, daß man sich ein sehr oberflächliches und völlig falsches
Bild von der Entwicklung des Vertrags mit der Annahme machen
würde, daß sein Fortschritt in der Befreiung von den Formen bestanden
habe.

Auf dem Gebiet der Moral kann man im Bereich der reinen Geistig-
keit bleiben und die — selbst unausgesprochene — Absicht für die Tat
nehmen. Anders ist es beim Recht und ganz allgemein bei den sozialen
Beziehungen. Sie müssen sich, um zu existieren, äußerlich kundtun. Es
trifft den Kern, wenn man von ihnen sagt: „Forma dat esse rei". Seltsamerweise scheint es, daß dasselbe auch für die Religion in ihrer
Eigenschaft als gesellschaftlicher Tatbestand gilt, so wenig materiell
sie ihrem Wesen nach auch sein mag. Ein Kult, der keine Riten ent-
hielte — oder dessen Riten dem Belieben eines jeden Gläubigen überlassen wären —, ist nicht denkbar.

Der Formalismus hat sein Aussehen im Laufe der Geschichte verändert. Er hat, wie wir gesehen haben, zu einem erheblichen Teil
seinen religiösen Charakter verloren. Es gibt gute Gründe für die Annahme, daß er nicht verschwinden kann, denn er entspricht einer Notwendigkeit des sozialen Lebens. Die Form gleicht einem Gewand, das
einen Akt bekleidet[4], oder einem Ausweis, der ihm Zutritt zur sozialen
Gruppe gewährt, ihr erlaubt, ihn anzuerkennen und über ihn zu befinden. Es ist schwer, sich eine Gesellschaft vorzustellen, die auf diese
Zeichen, die zugleich aufmerksame Wächter einer notwendigen Ordnung sind, verzichten könnte. Die Riten, die Formeln, die Symbole
verbinden die Gegenwart mit der Vergangenheit und die Individuen
mit der Gesamtheit. Sie sind wie die Mythen und mehr als die Mythen
der unersetzliche Kitt sozialer Gruppen.

Alles, was man verlangen kann, ist, daß man ihnen nicht mehr eine
solch übertriebene Ehrfurcht entgegenbringt wie in den archaischen
und antiken Gesellschaften. Man braucht sie an sich nicht zu fürchten,
denn sie sind gewissermaßen ihres heiligen Charakters entkleidet wor-

---

4 Seit dem Altertum haben die Juristen diese Metapher benutzt. Sie
unterscheiden die formentblößten und die formbekleideten Rechtsgeschäfte
(pacta nuda et vestita), wobei allein die letzteren voll wirksam sind, allein
bei Gericht Aktionen gewähren.

den. Sie sind trotzdem keineswegs alle unbeachtlich. Das „Ja", welches
die Brautleute vor dem Standesbeamten aussprechen, verändert ihr
Leben von Grund auf. Andere dagegen sind ohne Bedeutung und
könnten ohne Nachteil aufgegeben werden. Das genaue Maß für ihre
Bedeutung ist der Wert, den die Handlung, die sie begleiten, für die
Gesellschaft hat. Wenn man sich der Natur und der Tragweite der
Formen bewußt wird, dann wird man zweifellos den teilweise aufge-
schwemmten Apparat von Formalitäten, die ihr Leben nur als Ver-
mächtnis der Vergangenheit fristen, vereinfachen können. Der Formalismus kann zweifellos nicht abgeschafft werden: Er kann aber ratio-
nalisiert werden.

Das, was letztlich den modernen vom alten Formalismus unterscheidet, ist, daß er jetzt nicht mehr Herr, sondern Diener ist. Er muß sich
mit der Rolle begnügen, die ihm zukommt, einer bescheidenen, wenn
auch notwendigen Rolle, die darin besteht, daß er der sozialen Gruppe
erlaubt, ihre Mitglieder zu kontrollieren und sicherzustellen, daß deren
Verhalten mit ihrem Willen übereinstimmt.

Zweiter Teil

Einzelfragen

VI. Die Quellen des Schuldverhältnisses[1]

Es ist eine Binsenwahrheit, daß die Theorie von den Quellen der Schuldverhältnisse zu den schwächsten Teilen des Privatrechts gehört. Ihren Ursprung hat sie im römischen Recht. Das römische Recht hat nach und nach mehrere Kategorien herausgearbeitet. Zunächst unterschied es nur zwischen zwei Quellen: den Verträgen und den Delikten[2]. Dann führte die Beobachtung dazu, die Existenz von Schuldverhältnissen anzuerkennen, die weder einem Vertrag noch einem Delikt entspringen; man begnügte sich damit, sie unter der vagen Bezeichnung *variae causarum figurae* zusammenzufassen[3]. In der Folgezeit merkte man, daß manche Entstehungsgründe von Verbindlichkeiten in vieler Hinsicht den Verträgen, andere den Delikten nahestehen, und das veranlaßte Justinian, in seinen *Institutionen*, 3, 12, 2, zu sagen: „... aut ... ex contractu aut quasi ex contractu, aut ex maleficio, aut quasi ex maleficio." Auf diese Stelle gehen die Ausdrücke Quasikontrakt und Quasidelikt zurück, die man in der französischen Lehre seit dem 18. Jahrhundert antrifft und die in den Code civil eingegangen sind. Aber auch diese Vierteilung erwies sich als unzureichend. Man mußte erkennen, daß gewisse Verbindlichkeiten trotz hartnäckiger Bemühungen, sie in das Schema zu pressen, nicht die geringste Gemeinsamkeit mit dem Vertrag oder Delikt besitzen, und man ersann éine 5. Gruppe von Schuldverhältnissen, nämlich die, deren Quelle das Gesetz ist.

Bei dieser Einteilung in fünf Quellen ist der französische Code civil stehen geblieben. Die anderen modernen Gesetzgebungen sind in diesem Punkt unterschiedlich, aber sie halten sich im großen und ganzen an die romanistische Theorie[4].

---

[1] Auszug aus den ‚Cahiers internationaux de Sociologie', Bd. I, 1946.

[2] *Gaius;* I, 88: „Nunc transeamus ad obligationes, quarum summa divisio in duas species diducitur: omnis enim obligatio vel ex contractu nascitur, vel ex delicto."

[3] Digesten 44. 7. 1 pr., *Gaius* 1.2. Aureorum: „Obligationes aut ex contractu nascuntur aut ex maleficio, aut, proprio quodam iure, ex variis causarum figuris."

Die Art, auf welche, wie wir gesehen haben, die Theorie der Quellen entstanden ist, verrät einen einzigartigen Empirismus und ein nur sehr mäßiges Bemühen, der Einteilung eine rationale Grundlage zu geben. Es ist nicht schwer zu zeigen, daß sie auf einfachen Tatsachen-feststellungen beruht. Das wird schon bei der ersten und grundlegenden Einteilung der Schuldverhältnisse in vertragliche und deliktische sichtbar. Nichts ist dem Vertrag entgegengesetzter als das Delikt. Zwischen diesen beiden Begriffen gibt es, wie es scheint, kein einziges gemeinsames Element, jedenfalls hat man sich nicht die Mühe gemacht, danach zu suchen; man hat lediglich bemerkt, daß beide Tatbestände Wirkungen hervorbringen, deren Gesamtheit das bildet, was man ein Schuldverhältnis nennt. Eine sorgfältigere Untersuchung hätte eine solche Behauptung verworfen. Es ist nämlich nicht ganz genau, daß die Delikte und die Verträge die Quellen der Schuldverhältnisse sind. Das Delikt ist an sich eine Rechtsverletzung. Es gibt Anlaß zu einer Straf-verfolgung. Nur mittelbar und nur in gewissen Fällen (die man in Rom Privatdelikte nannte) führt es zu einem Schadensersatz. Wer beispiels-weise ein Verbrechen oder eine politische Straftat begeht, geht kein Schuldverhältnis ein: Er macht sich lediglich strafbar. Für den Vertrag gilt Ähnliches nicht, denn der Vertrag wird gerade definiert als schuld-begründende Willensübereinstimmung. Wir werden jedoch später sehen, daß es nicht der Wille ist, der verpflichtet. Festzuhalten bleibt für den Augenblick jedenfalls die Schwäche dieser ersten Einteilung der Quellen.

Die Schaffung der Kategorie der Quasikontrakte und der Quasi-delikte entstammt derselben Methode. Diese Begriffe sind oft kritisiert worden. Man hat gezeigt, wie künstlich sie sind. Planiol[5] schreibt über die Quasikontrakte: „Es gibt vielleicht im ganzen Recht keinen Aus-druck, der irriger und falscher wäre ... Es gibt keinen einzigen denk-baren Fall, in der eine Person Schuldnerin einer anderen wird, weil sie mit ihr fast einen Vertrag abgeschlossen hätte." Dasselbe kann man

---

[4] Das italienische Gesetzbuch übernimmt die Einteilung in fünf Entste-hungsgründe vom französischen Code. Das deutsche Bürgerliche Gesetzbuch kennt als Entstehungsgründe den Vertrag, den Auftrag und die Geschäftsfüh-rung ohne Auftrag; schließlich die ungerechtfertigte Bereicherung und die unerlaubte Handlung. Das (1916 revidierte) österreichische Gesetzbuch das Gesetz, das Rechtsgeschäft und die erlittene Beschädigung. Das schweizerische Obligationenrecht die Verträge, die unerlaubten Handlungen und die unge-rechtfertigte Bereicherung. Anscheinend geht die Tendenz dahin, auf jede systematische Einteilung der Entstehungsgründe zu verzichten. So hat man in den Entwurf eines französisch-italienischen Gesetzbuches über das Schuld-recht, der 1927 fertiggestellt wurde, gar keine abschließende Aufzählung aufgenommen. Der Entwurf beschränkt sich darauf, sieben sehr ver-schiedenartige Entstehungsgründe anzuführen, die er ohne sichtbaren inneren Zusammenhang einfach aneinanderreiht.

[5] *Planiol*, Traité de droit civil, 9. Aufl., Bd. II, S. 264.

vom Quasidelikt sagen. Das Wesen des Delikts besteht in der Absicht zu schaden. In den Fällen, die unter dem Namen Quasidelikte zusammengefaßt werden, fehlt jedoch diese böse Absicht. Die Haftung, der man sich dabei aussetzt, beruht notwendigerweise auf einem anderen Grund, der nichts Deliktisches an sich hat.

Von der fünften und letzten Quelle der Schuldverhältnisse, dem Gesetz, kann man ohne Übertreibung sagen, daß er den Stempel ganz besonderer geistiger Armut auf der Stirn trägt. Wir haben es hier mit einem deutlichen Eingeständnis der Unfähigkeit zu tun. Auf die Frage: „Woher kommt es, daß diese Handlung, dieser Zustand eine schuldrechtliche Beziehung schafft"? antwortet man geistvoll: „Weil das im Gesetzbuch steht." Nur ein Jünger der heute völlig überholten Theorie von der Allmacht des Gesetzgebers würde diese Antwort als etwas anderes als eine reine Wortspielerei auffassen.

Ganz offensichtlich ist diese Theorie in den Quellen nicht sorgsam ausgearbeitet worden. Man hat sich damit begnügt, die Schuldverhältnisse mehr oder weniger willkürlich in die Schubladen einer Kommode einzuordnen und die, die nicht hineingepaßt haben, einfach in einen Rumpelkasten zu stecken. Das alles zeigt die Hand eiliger Praktiker und hat nicht das geringste mit wissenschaftlicher Überlegung zu tun.

Im Bewußtsein der schreienden Unzulänglichkeit dieser Erklärungen haben Juristen auf einem anderen Weg gesucht. Für sie liegt der Ursprung des Schuldverhältnisses im Willen der Parteien. Verwandt mit jener Lehre, die als die Lehre von der Privatautonomie bekannt wurde und die das Recht in Frankreich zur Zeit der Abfassung des Code civil und während des gesamten 19. Jahrhunderts beherrscht hat, verkündet diese Theorie die Suprematie des Vertrags und ist geneigt, in allen juristischen Fakten das Ergebnis eines freien und bewußten Individualwillens zu sehen. Schon vor langer Zeit hat man nachgewiesen, wie oberflächlich und ungenau diese Auffassung ist[6]. Soweit sie unser Sonderproblem berührt, ist sie einfach unhaltbar.

Bereits auf dem ganzen weiten Gebiet der Delikte spielt der Wille nicht die geringste Rolle bei der Entstehung von Schuldverhältnissen. Diese entstehen auf Grund der deliktischen Handlung und nicht durch den Willen des Täters oder des Opfers. Genauso ist es mit den sogenannten Quasidelikten: Ihre Wiedergutmachung wird vom Gesetz gefordert und hängt nicht von den individuellen Willen ab.

Selbst auf dem vertraglichen Gebiet ist es trotz des gegenteiligen Anscheins nicht richtig zu sagen, daß der Wille die Quelle der Schuldverhältnisse sei. Zweifellos wäre es unsinnig zu behaupten, daß der

---

[6] Vgl. *Gounot*, Le principe de l'autonomie de la volonté en droit privé, Diss. Dijon, 1912.

Wille dem Vertrag fremd sei, aber wenn er auch oft (nicht immer) eine seiner Bedingungen ist, so ist es doch nicht richtig, daß er der Grund für die schuldrechtliche Beziehung wäre. Die vertragliche Verpflichtung entsteht, wie man richtig gesagt hat, *cum voluntate, nicht ex voluntate*[7]. Der Wille der Parteien spielt nur in ziemlich engen Grenzen mit, um ihren Mechanismus auszulösen, um die Einzelheiten festzulegen, nicht aber, um die Wirkungen abzuändern. Nehmen wir zum Beispiel die Verwahrung. Wenn *B* in die Hände des *A* eine Sache zur Aufbewahrung übergibt, dann hängt es nicht von dem Willen der Parteien ab, ob *A* die Sache an *B* zurückgeben muß. Wenn der letztere ihm das erlassen will, dann kann er es ohne Zweifel tun, aber nur mit Hilfe eines neuen, andersartigen juristischen Aktes, nämlich durch eine unentgeltliche Zuwendung. Genauso muß der Käufer, ist der Kauf erst einmal abgeschlossen, den Kaufpreis bezahlen usw. Die Wirkung des Willens entfaltet sich natürlich bei der Eingehung des Vertrages. Er spielt auch im Rahmen des Rechtsgeschäfts bei der Vereinbarung der veränderlichen Elemente eine Rolle, im Falle der Aufbewahrung zum Beispiel bei der Festlegung des Rückgabetermins, in dem des Kaufs bei der Vereinbarung des Preises usw., aber nicht er ist es, der darüber entscheidet, ob der Verwahrer zurückgeben muß, ob der Käufer den Preis bezahlen muß. Das Schuldverhältnis als solches entzieht sich dem Willen der Parteien.

Das, was hier gerade von den Verträgen gesagt wurde, gilt *a fortiori* auch für die Handlungen und Verhältnisse, denen man den Namen Quasikontrakte gegeben hat. Nehmen wir zum Beispiel den Fall der Bezahlung einer Nichtschuld, das Urbild des überkommenen Quasikontrakts, so ist unbestreitbar, daß der *accipiens* unabhängig von seinem eigenen Willen wie von dem des *solvens* zurückzahlen muß.

Damit scheitert die Willensschule in ihrem Versuch, dem Schuldverhältnis gerecht zu werden. Wird die soziologische Lehre glücklicher sein? Man könnte versucht sein, es auf Grund der obigen Beobachtung zu glauben, daß der Individualwille der Parteien keine Schuldverhältnisse schaffen kann, daß diese vielmehr aus den Institutionen selbst entstehen. Ist ein Kauf geschlossen, dann muß der Verkäufer die Sache liefern und der Käufer den Preis bezahlen, und zwar allein auf Grund des Kaufvertrages. Das bedeutet nichts anderes, als daß die Gesamtheit, die die Institution — hier den Kaufvertrag — schafft und sanktioniert, den Rechtshandlungen ihrer Mitglieder zwingend Verbindlichkeit zuerkennt, sofern sie sich in einem bestimmten Rahmen halten und in einer bestimmten Form vorgenommen werden[8].

---

[7] *Gounot*, a.a.O., S. 240.

[8] Es scheint, daß dies der Standpunkt ist, den die Vertreter der Lehre von der Institution, die mit dem Namen Haurious verknüpft ist, einnehmen.

Es ist leicht einzusehen, daß das Problem, betrachtet man die Dinge aus diesem Blickwinkel, verschoben, aber nicht gelöst wird. Es genügt in der Tat nicht zu sagen, der Kauf oder irgendein anderer Vertrag erlege einer der Parteien oder allen beiden eine Verpflichtung auf, deren Gegenstand oder Betrag durch Vereinbarung festgesetzt werde; die Gesellschaft in ihrer Gesamtheit halte es für recht und billig, daß der Käufer seinen Preis bezahlt, daß der Verwahrer die Sache zurückgibt, daß der Übeltäter den Schaden, den er angerichtet hat, wiedergutmacht usw. Zweifellos ist es so, aber sieht man nicht, daß diese Antwort noch immer unzureichend ist und daß sie nicht das mindeste erklärt? Denn schließlich hat man das Recht zu fragen, warum es so ist. Die Antwort: „Weil die Gesellschaft es so gewollt hat" ist eine nichtssagende Antwort, fast genau jener ungenügenden Antwort vergleichbar, die da lautete: „Das steht im Gesetz[9]."

Man bewegt sich im selben Kreis, wenn man hinzufügt: „Das geschieht, um nicht die berechtigte Erwartung des Gläubigers zu enttäuschen[10]." Sicherlich erwartet der, der seine Sache in Verwahrung gegeben hat, daß er sie wiedererhält, der Verkäufer seinen Preis, das Opfer seine Entschädigung, aber wenn sie das erwarten, dann eben deshalb, weil zu ihren Gunsten ein Rechtsanspruch besteht, und die Frage bleibt dieselbe: „Woher kommt dieser Rechtsanspruch?"

Es scheint, als könne keine treffende Antwort gegeben werden, solange man nicht die wahre Natur der Obligation untersucht hat. Diese Untersuchung war Gegenstand einer ganzen Reihe hervorragender Arbeiten, und es bedeutete einen entscheidenden Schritt nach vorn, als von Brinz in jedem Schuldverhältnis zwei Elemente unterschied, das *debitum* (Schuld) und die *obligatio* i. e. S. (Haftung)[11]. Das *debitum* ist der eigentliche Gegenstand des Schuldverhältnisses, das, was der Schuldner leisten muß. Dieser Gegenstand kann sowohl in einer Handlung als auch in einer Sache oder einer Unterlassung bestehen. Die *obligatio* ist das Rechtsband, das den Schuldner zur Erbringung seiner Leistung zwingt. Der Gläubiger besitzt — materielle oder

---

[9] Man muß sicher einräumen, daß viele Soziologen, ein wenig berauscht von der Durkheimschen Entdeckung der besonderen und nicht weiter zurückführbaren Eigenart des Kollektivwillens, geneigt waren, diesen Willen als Schlüssel zu allen Problemen zu betrachten, ohne zu bemerken, daß dieser Wille selbst wieder bedingt ist.

[10] Obwohl auf Grund der Analyse von Tatsachen viel näher an der Wahrheit, kann diese Theorie, die mit Nachdruck und Scharfsinn von Emmanuel Lévy (vgl. insbesondere Revue trimestrielle de droit civil, 1910, S. 720; Revue socialiste, 1911, S. 242) vertreten wird, die Erscheinung der Obligation nicht „erklären".

[11] *von Brinz,* Der Begriff obligatio, in: Grünhuts Zeitschrift für das Privatund öffentliche Recht der Gegenwart, 1874. Vgl. *Cornil,* Debitum et Obligatio, in *Mélanges P. F. Girard,* Bd. I, S. 295 ff.

moralische — Zwangsmittel, um die geschuldete Befriedigung zu erhalten. Zwischen beiden Elementen besteht — so hat man oft gesagt — ein Zweck-Mittel-Verhältnis. Tatsächlich sind beide für das Schuldverhältnis unerläßlich. Man könnte es sich nicht ohne *debitum* vorstellen, denn der Schuldner muß notwendig eine Leistung erbringen. Andererseits ist die *obligatio* unlösbar mit dem Schuldverhältnis verknüpft; selbst wenn sie virtuell bleibt, ist der Zwang immer bereit, sich dem Schuldner fühlbar zu machen, um ihn zur Erfüllung seiner Verpflichtungen anzuhalten. Zweifellos enthalten nicht alle Schuldverhältnisse diese beiden Elemente im gleichen Verhältnis. Wir werden Gelegenheit haben zu sehen, daß es einige gibt, bei denen die *obligatio* auf ein Minimum beschränkt ist. Dennoch ist sie in allen vorhanden, und die erwähnte Unterscheidung, die von den Römern nur erahnt worden ist, ist für unsere Kenntnis der Institution von großer Bedeutung.

Von diesen beiden Elementen hat das zweite, die *obligatio*, weitaus stärker die Aufmerksamkeit der Juristen auf sich gezogen. Das entspricht einer sehr alten Tradition, die bis auf das römische Recht zurückgeht. Das Wort Obligation, das das Institut in seiner Gesamtheit bezeichnet, ruft auf Grund seiner Etymologie lediglich das Bild der Verknüpfung, der Gebundenheit hervor. Für die Römer — und für die modernen Juristen in ihrem Gefolge — ist die Obligation vor allem ein Rechtsband, welches den Schuldner zwingt, in den sauren Apfel zu beißen, eine Vorstellung, die durch die berühmte Definition Justinians in seinen *Institutionen, 3. 13. pr.*, deutlich ausgedrückt wird: „*Obligatio est iuris vinculum quo necessitate adstringimir alicuius solvendae rei secundum nostrae civitatis iura.*"

Wie man sieht, ist der Gedanke der Zahlung — d. h. das *debitum* — in der Definition enthalten (*alicuius solvendae rei*). Er ist jedoch an die zweite Stelle gerückt, um dem Problem der Erfüllung den Vortritt zu lassen, das vom Standpunkt der Praxis aus die wichtigsten Fragen aufwarf. In jedem Schuldverhältnis liegt notwendigerweise ein Aufschub: Es wird erst in der Zukunft erfüllt. Es ist deshalb wesentlich, daß die vom Schuldner zugesicherte oder ihm auferlegte Leistung zum gewünschten Zeitpunkt erbracht werden kann. Das setzt ein System von Sanktionen, von Druckmitteln, von Vorsichtsmaßregeln gegen die Gefahr der Zahlungsunfähigkeit voraus, dessen Gesamtheit genau das bildet, was man *obligatio* nennt. Es überrascht deshalb nicht, daß diese Seite unseres Instituts tiefer untersucht worden ist. Aber so verständlich diese Voreingenommenheit auch sein mag, sie wirft nicht viel Licht auf die Natur des Schuldverhältnisses und noch weniger auf seine Quelle. Um sich davon zu überzeugen, genügt die Feststellung, daß diese Zwangsmittel gegen den Schuldner erst angewandt werden, wenn das Schuldverhältnis entstanden ist, noch nicht aber bei seiner Entstehung selbst.

Will man jedoch die wahren Quellen der Schuldverhältnisse kennenlernen, dann muß man sich vor allem das *debitum*, d. h. den Gegenstand dieser Schuldverhältnisse ansehen. Dieser Gegenstand nun ist immer eine Leistung. Das bedeutet aber nichts anderes, als daß die Verbindlichkeit jeweils durch eine Verminderung dessen ausgelöst wird, was man das „juristische Potential" des Schuldners nennen könnte, d. h. seiner Arbeitskraft oder seines Vermögens. Zweifellos unterscheidet sich das Schuldverhältnis von der Veräußerung dadurch, daß die Erfüllung nicht sofort eintritt. Dadurch, daß es sich erst in der Zukunft realisiert, kommt ein Element der Ungewißheit hinein, welches gerade die Zwangsmittel, die das Wort *obligatio* mit begreift, neutralisieren sollen. Es hieße aber den Charakter der Verbindlichkeit verfälschen, sähe man in ihr nur diese Unsicherheit und die Mittel, sie zu bekämpfen. Nimmt man, ohne die juristische Betrachtungsweise zu verlassen, einen leichten Richtungswechsel vor und begibt man sich weniger auf das Gebiet des Verfahrens als auf das wirtschaftlicher und gesellschaftlicher Tatsachen, dann kann man in der Obligation eine — zweifellos aufgeschobene — Leistung, aber doch vor allem eine Leistung sehen, die der Gläubiger dank mächtiger Mittel, über die er verfügt, erhalten wird. Ohne die Tatsache auch nur für einen Moment aus den Augen zu verlieren, daß jedes Schuldverhältnis ein Element der Macht enthält, das dazu bestimmt ist, seine Erfüllung zu sichern, sehen wir doch, daß sein entscheidendes Ergebnis sich letztlich in einem Ärmerwerden des Schuldners ausdrückt. Wir haben uns deshalb zu fragen, woher dieses Ärmerwerden kommt, weshalb der Schuldner sich veranlaßt oder gezwungen sieht, sein juristisches Potential zu vermindern: In diesen Worten liegt die Frage nach den Quellen des Schuldverhältnisses[12].

Eine etwas gründlichere Beobachtung erlaubt uns die Feststellung, daß sich von jenem Blickpunkt aus die Schuldverhältnisse in zwei Gruppen einteilen lassen. In einer gewissen Anzahl von Fällen geht der Schuldner die Verpflichtung unter dem Druck eines Zwanges ein, während in den anderen ein solcher Zwang fehlt. Hierzu ist zweierlei zu bemerken.

---

[12] Man sieht, daß das Problem des Entstehungsgrundes der Obligationen mit dem der causa, ihres (Rechts-)Grundes, verknüpft ist, wenn man dieses letztere Wort in seinem weiteren Sinne versteht. Die Juristen, die den (Rechts-)Grund der Obligationen untersucht haben, haben dieses Wort allgemein in einer engen technischen Bedeutung gebraucht. Infolgedessen haben sie sich mit der Wirksamkeit der Obligationen befaßt und nicht mit ihrem Ursprung. Das gilt insbesondere für das neueste und beste Werk über diese Frage, *H. Capitant*, De la cause des obligations, 1912.

Zunächst darf man diesen Zwang nicht mit jenem verwechseln, den wir oben mit dem Namen *obligatio* bezeichnet haben. Jener sollte der Erfüllung eines bestehenden Schuldverhältnisses dienen. Hier dagegen handelt es sich zunächst um die Eingehung des Schuldverhältnisses, was seine Besprechung im Rahmen der Theorie der Quellen rechtfertigt.

Zum anderen kann dieser Zwang, dem sich der Schuldner unterworfen sieht, von zweierlei Art sein. Es kann sich um Drohungen handeln, denen eine Person sich ausgesetzt sieht, um Gewalt, deren Opfer sie wird und unter deren Druck sie ein Versprechen abgibt. Das sind anomale, unwesentliche Fälle, gegen die das Recht Vorsorge trifft, sobald das Rechtsbewußtsein eine bestimmte Entwicklungsstufe erreicht hat. Sehr viel bedeutsamer ist der Fall, daß Schuldverhältnisse unter dem Einfluß eines weniger offenkundigen, aber genauso drückenden Zwanges, der eine wirklich freie Vereinbarung ebenfalls ausschließt, eingegangen werden: Wir meinen jenen Zwang, der auf der gesellschaftlichen oder wirtschaftlichen Überlegenheit des Gläubigers gegenüber seinem Schuldner beruht. Hier findet sich die wahre Quelle für eine ganze Reihe von Schuldverhältnissen, die sich auf diese Art und Weise von Schuldverhältnissen unterscheiden, die gleiche oder als gleich angesehene Personen untereinander eingehen. Nur von diesen letzteren kann man im wahrsten Sinne des Wortes sagen, daß sie wirklich frei zustande gekommen seien. Wir haben weiter gesehen, daß es völlig unzureichend ist, sich, um die Verpflichtung des Schuldners zu erklären, auf seinen freien Willen zu berufen. Wir müssen vielmehr untersuchen, warum er seine Zustimmung gibt. Zunächst aber bleiben einige Worte über die Fälle zu sagen, in denen wegen der sozialen Ungleichheit der Parteien das Schuldverhältnis nicht „frei vereinbart" ist und es auch nicht sein kann.

Es ist ganz klar, daß Fälle dieser Art häufiger in Gesellschaften mit abgestuften Klassen auftreten als in solchen mit der Tendenz zur Angleichung der Stellung der Bürger. Der Grenzfall ist der der Sklaven in der antiken Welt, ein derart extremer Fall, daß er über den Rahmen des Schuldverhältnisses im technischen Sinne des Wortes hinausgeht. Jedes Schuldverhältnis richtet sich notwendig auf einen bestimmten Gegenstand, und der Sklave, der seinem Herrn alles schuldet, ist nicht eigentlich Schuldner. Der Freigelassene in den antiken Gesellschaften dagegen, der Leibeigene im Mittelalter und im Rußland der Zaren bis 1863 sind gute Beispiele für rechtliche Lagen, in denen einer Menschenklasse von einer anderen auf Grund politischer und wirtschaftlicher Überlegenheit Dienste und Leistungen abgenötigt wurden. Natürlich konnte die vertragliche Einkleidung, unter der sich dieser Druck verbarg, niemanden täuschen. Weder der Freigelassene noch der Leibeigene hätte die verlangten Dienste verweigern oder auch nur mildern können.

Es wäre unrichtig anzunehmen, daß diese auf Zwang gegründeten Schuldverhältnisse unseren modernen Gesellschaften unbekannt wären. Der Arbeitsvertrag, durch den ein Arbeiter sich verpflichtet, seine körperliche Kraft oder seine technischen Fähigkeiten für einen bestimmten Lohn zur Verfügung zu stellen, hat keine andere Grundlage. Das galt insbesondere und in tragischer Weise für den Arbeiter in der Großindustrie während der ersten Hälfte des 19. Jahrhunderts; wies er den vorgeschlagenen Lohn zurück oder beanstandete er ihn, dann sah er sich dem Elend und dem Tod ausgeliefert. Zweifellos haben sich die Dinge ein wenig geändert, seit die Gewerkschaftsbewegung den Tarifvertrag geschaffen und seine Anwendung allgemein durchgesetzt hat. Dennoch kann man, wenn auch der Verbandstarif aus einem Vertrag herrührt, in der Mehrzahl der Fälle nicht sagen, daß dieser Vertrag das Ergebnis einer freien Vereinbarung sei.

Die Anforderungen des modernen Lebens haben Situationen entstehen lassen, in denen, wie in den vorangegangenen, der Schuldner nicht in der Lage ist, den Wortlaut der Vereinbarung, die man ihm vorlegt, zurückzuweisen oder zu beanstanden. Das sind die zahlreichen Rechtsgeschäfte, denen man den Namen „Contrats d'adhésion" (Formularverträge) gegeben hat. Ein Fahrgast oder ein Zuschauer, die ihre Karte kaufen, ein Gas- oder Elektrizitätsabnehmer, ein Versicherungsnehmer, der seine Police unterschreibt, ihnen allen wird nicht erlaubt, die Vertragsbedingungen, die sie binden, abzuändern: Sie können nur annehmen oder ablehnen. Dabei ist es noch unrichtig zu sagen, sie könnten sie ablehnen: In einem Eilfall kann jemand zu einer Reise gezwungen sein; man kann nicht davon absehen, sich gegen gewisse Gefahren zu versichern.

Auch der Beauftragte — aber hier ist der Zwang so abgeschwächt, daß er fast unkenntlich wird — erfüllt seine Obligation nur, weil er sich, wenigstens für den Augenblick, in einer Situation der Unterlegenheit gegenüber dem Auftraggeber befindet. Man vertraut einen Auftrag nicht irgend jemandem an: Das ist immer jemand, von dem man erwartet, daß er sich fügt, weil man ihn aus dem einen oder anderen Grunde „an der Stange" hat.

In einer völlig entgegengesetzten Richtung findet man eine Kategorie von Schuldverhältnissen, die sich vom technischen Standpunkt aus kaum von vertraglichen Obligationen unterscheiden, die aber auf dem Gebiet, auf dem wir uns bewegen, eine besondere Betrachtung verdienen: Wir wollen sie wechselseitige Obligationen nennen. Sie weisen die Besonderheit auf, daß sie nicht zwischen einem Schuldner und einem Gläubiger entstehen, sondern daß alle, die daran beteiligt sind, zugleich Schuldner und Gläubiger sind und daß jeder den gleichen Gegenstand schuldet und nicht zwei verschiedene wie bei den gewöhnlichen gegenseitigen Verträgen, etwa dem Kauf. Das Muster dieser wechselseitigen Obligationen ist das durch die Gesellschaft erzeugte Schuldverhältnis. Die modernen Zivilisten tragen keine Bedenken, die Gesellschaft unter die gewöhnlichen Verträge einzureihen. Es ist jedoch offensichtlich, daß der besondere Charakter, der diesem Vertrag infolge der Identität der Leistungen zukommt, ihm eine Sonderstellung verleiht, jedenfalls soweit es die Theorie der Quellen anlangt. Warum verpflichtet sich ein Gesellschafter oder, genauer, warum ist er verpflichtet? Gerade bei Handelsgesellschaften, den bei weitem bedeutendsten Gesellschaften, ist es insofern wenig richtig zu sagen, daß dies auf Grund seines Willens geschehe, als der Gesellschafter sich häufig dem Willen der anderen unterordnen muß, dann nämlich, wenn er in der Minderheit bleibt. Kann man sagen, daß wir es hier wieder mit einem „erzwungenen" Schuldverhältnis zu tun haben? Keineswegs. Die Grundlage für die wechselseitige Obligation ist weder der Wille des Schuldners noch der Zwang des Gläubigers: Es ist die Kollektivorganisation, deren Element der Gesellschafter ist. Das Leben der Gruppe besteht aus einem Komplex von Diensten und Leistungen, die zur Verwirklichung des Ziels, das zu erreichen sie sich vorgenommen hat, allen abverlangt werden.

Diesen aus Zwang oder aus der Existenz einer gesellschaftlichen Gruppe hervorgegangenen Schuldverhältnissen muß man die Schuldverhältnisse zwischen freien und gleichen Personen, von denen der eine Schuldner und der andere Gläubiger ist, gegenüberstellen: Das sind die meisten, jedenfalls in den modernen Gesellschaften. Wir haben weiter oben gesagt, daß man an der Lehre, nach der sie auf Willensübereinstimmung der Parteien beruhen, nicht festhalten kann.

Wir haben durchblicken lassen, daß die wahre Grundlage für die Verpflichtung des Schuldners eine Einbuße ist, die der Gläubiger erlitten hat und die es wiedergutzumachen gilt. Er kann sich dem nicht entziehen, ohne sich zum Nachteil der anderen Partei ungerechtfertigt zu bereichern oder, wenn man so will, einen Diebstahl zu begehen. Jedes Opfer, das eine Person zeitweilig zugunsten einer anderen erbringt, verlangt normalerweise nach einer Gegenleistung, und genau in dieser Gegenleistung besteht die Schuld, das *debitum*, des Schuldners. Mit anderen Worten, jede Schuld ist eine Leistung, die dazu bestimmt ist, ein gestörtes Gleichgewicht im Vermögen des Gläubigers wiederherzustellen.

Wenn nun diese Formel auch im großen und ganzen als richtig und geeignet erscheint, die wahre Natur der Obligation zu erklären, so muß man sie doch mit einiger Vorsicht handhaben.

Zunächst: Zwar stimmt es, daß jede Veräußerung eine Veräußerung in umgekehrter Richtung hervorruft; dieses Streben ist aber nicht immer von Erfolg gekrönt. Wer sich auf Kosten eines anderen bereichert hat, wird nicht immer Schuldner des Entreicherten. Außer in den Fällen der Verträge, der Quasiverträge und wenn das Gesetz die Leistung von Schadensersatz vorschreibt, entsteht im positiven französischen Recht nur dann eine Obligation, wenn der Urheber der Einbuße schuldhaft gehandelt hat[13]. Dieser Grundsatz wird übrigens in der Lehre bekämpft, und die Rechtsprechung hat ihn stark durchlöchert.

Andererseits verpflichtet der Grundsatz des Gleichgewichts, den wir als Grundlage des Schuldverhältnisses erkannt haben, nicht zu einer arithmetisch exakten Vorteilsausgleichung. Der Gegenstand des Schuldverhältnisses ist gleich dem, den der Gläubiger angesichts der Umstände, der möglichen Gefühlserregung usw. erwarten kann. Allgemein wird das Schuldverhältnis aus einem Delikt drückender sein als dasjenige, dessen Quelle ein Vertrag ist.

Schließlich gibt es eine ganze Reihe von Rechtsgeschäften, in denen die Gegenseitigkeit keine Rolle spielt. Das sind die, in denen sie der, der das Opfer erbringt, von vornherein freiwillig ausgeschlossen hat: Wir meinen die unentgeltlichen Geschäfte. Es ist ganz offensichtlich, daß der Beschenkte im Falle einer echten Schenkung nichts schuldet.

Dank dieser Beobachtungen scheint es uns nicht zweifelhaft, daß jede juristische Obligation des Privatrechts zwischen als frei und gleich vorausgesetzten Personen auf einem Nachteil beruht, den der Gläubiger erlitten hat und den er vom Schuldner ersetzt haben will. Das ist unseres Erachtens die gemeinsame Grundlage aller Schuldverhältnisse, gleichgültig, ob sie aus Vertrag, Quasivertrag, Delikt oder aus Gesetz entstehen. Diese Einteilung in fünf Quellen mag ein gewisses technisches Interesse haben; einen wissenschaftlichen Wert hat sie nicht.

Zum Schluß schlagen wir vor, die traditionelle Einteilung durch eine vernünftigere Ordnung der Quellen der Schuldverhältnisse zu ersetzen. Die erste Kategorie wird gebildet durch die „erzwungenen" Schuldverhältnisse; hier besteht die Grundlage des Schuldverhältnisses im sozialen Druck. Eine zweite Kategorie der sogenannten wechselseitigen Schuldverhältnisse hat ihre Quelle in der Existenz einer Gruppe, der

---

[13] *Ripert* et *Teissière*, Essai d'une théorie de l'enrichissement sans cause en droit français, in: Revue trimestrielle de droit civil, 1904, S. 727, Anm.

der Schuldner angehört und deren Kollektivwillen er untersteht. Dem normaltypischen Schuldverhältnis schließlich liegt eine Entreicherung des Gläubigers zugunsten des Schuldners zugrunde, die den letzteren zwingt, das dadurch gestörte Gleichgewicht wiederherzustellen.

VII. Das gerichtliche Beweisverfahren[1]

Die allgemeine Meinung ist geneigt, den Beweis als einen logischen Mechanismus anzusehen, der die Richtigkeit einer Tatsache oder einer Behauptung bestätigen soll. Diese Vorstellung vom Beweis ist richtig, aber unvollständig. Der Beweis enthält nämlich darüber hinaus eine psychologische Seite, die niemals fehlt, deren Bedeutung aber, je nachdem welches Gebiet man betrachtet, unterschiedlich ist. Das psychologische Element wird nicht sehr deutlich im mathematischen Beweis. Dieser erschöpft sich tatsächlich fast völlig in einer logischen Operation. Sie ist notwendig eine Beweisführung, eine Schlußfolgerung, die die Richtigkeit einer Behauptung unter Bezugnahme auf schon anerkannte Wahrheiten nachweist.

Auf dem Gebiet der Wissenschaften vom Menschen ist das psychologische Element des Beweises schon sehr viel ausgeprägter. Es versteht sich von selbst, daß man der Wahrheit hier nicht so nahe kommen kann wie in den mathematischen Wissenschaften. Trotz des Grundsatzes der Objektivität, der oberste Richtschnur des Wissenschaftlers ist und bleiben muß, wird dieser unbewußt von Gefühlen und vorgefaßten Meinungen beeinflußt, die sich häufig genug zwischen ihn und die Wirklichkeit schieben; sein Blickwinkel ist verschieden, je nachdem welchem Land, welcher Klasse, welcher Generation er angehört. Zu den individuellen Störfaktoren, denen jeder Wissenschaftler ausgesetzt ist, die er aber durch strenge geistige Zucht ausgleichen kann, kommen jene viel schwerer zu bekämpfenden kollektiven Strömungen, die in den Bereich der Wissenssoziologie, einer kaum erst in Umrissen entworfenen Wissenschaft, gehören.

Das gerichtliche Beweisverfahren bietet sich unter einem anderen Aspekt dar, und hier gewinnt das psychologische Element eine ganz beträchtliche Bedeutung. Die besonderen Bedingungen, denen der Beweis auf diesem Gebiet genügen muß, unterscheiden ihn grundlegend von dem wissenschaftlichen Beweis. Der Richter befindet sich nicht in der Lage des Wissenschaftlers, der die Wahrheit zumeist unter den idealen Bedingungen vollkommener Unparteilichkeit und Objektivität

---

[1] Auszug aus dem Journal de Psychologie normale et pathologique, P.U.F., April—Juni 1952.

sucht, schon weil sie in ihm keine Leidenschaften weckt. Außerdem spielt für den Wissenschaftler die Frage der Zeit keine Rolle — er kann seine Untersuchungen unendlich oft wiederholen; keine Frist ist ihm gesetzt. Die gerichtliche Beweisaufnahme dagegen vollzieht sich nicht in jenem Klima der Unbeschwertheit. Beträchtliche Interessen stehen mitunter auf dem Spiel, die zu heftigen Gefühlsregungen Anlaß geben können. Manchmal gerät die öffentliche Meinung in Wallung und läßt entgegengesetzte Strömungen entstehen. Darüber hinaus muß, trotz der der Justiz oft vorgeworfenen Langsamkeit, in einem angemessenen Zeitraum eine Entscheidung fallen. Mehr noch, der Richter kann nicht sagen, wie es der Wissenschaftler ganz nach Belieben tut, die Sache sei noch nicht genügend aufgeklärt, und aus diesem Grunde sein Urteil verweigern. In Zivilsachen ist es ihm unter Androhung schwerer Strafen zwingend vorgeschrieben, im Gesetz die Lösung für den ihm unterbreiteten Streitfall zu finden. Auf dem Gebiete des Strafrechts ist er verpflichtet zu verurteilen oder freizusprechen. Er kann höchstens, wenn er die Sache noch nicht für entscheidungsreif hält, eine Beweisergänzung oder eine Ergänzung der Ermittlungen verlangen, aber das ist nur ein kurzer Aufschub. In jedem Falle muß er entscheiden.

Der bedeutendste Unterschied besteht aber darin, daß der Beweis auf juristischem Gebiet wesensmäßig darauf abzielt, den Richter zu überzeugen. Er ist weniger Erforschung der Wahrheit als das Mittel, eine bestimmte Überzeugung hervorzurufen. Das drückt sich äußerlich in der Arbeitsteilung aus, die wir in dem gerichtlichen Mechanismus feststellen können. Auf wissenschaftlichem Gebiet ist es dieselbe Person, der Forscher, der Wissenschaftler, der den Beweis führt und demgegenüber er geführt wird: Er versucht, sich selbst zu überzeugen, seinen eigenen Verstand zufriedenzustellen. Der Beweismechanismus, den er in Gang setzt, kümmert sich nicht um die Meinung anderer. Ganz im Gegensatz dazu müssen bei einer gerichtlichen Beweisaufnahme zumeist zwei oder drei Personen auftreten. Die Anwälte der gegnerischen Parteien setzen dem Richter ihre widerstreitenden Argumente auseinander, zwischen denen er dann wählen muß. Der Beweismechanismus ist von anderen ausgearbeitet als von dem, der das Urteil zu sprechen hat.

In dieser Trennung äußert sich deutlich die Doppelfunktion des gerichtlichen Beweises: einmal die Suche nach der Wahrheit, zum anderen die Notwendigkeit, einer Sache zum Siege zu verhelfen. Man kann sogar ohne Übertreibung sagen, daß das zweite Anliegen bedeutsamer ist als das erste. Das Hauptziel der Prozeßpartei ist weniger, die Wahrheit zu finden, als ihre Sache in einem Lichte darzustellen, die sie dem

Richter als gerecht erscheinen läßt. Da es üblicherweise in einem Prozeß zwei Parteien gibt, die gegensätzliche Ziele verfolgen, kann man ein wenig schematisierend sagen, daß, wenn die eine recht hat, die andere unrecht hat. Ist dem aber so, dann kann man behaupten, daß die Beweise zumindest einer Partei nicht dazu bestimmt sind, die Wahrheit darzutun, sondern im Gegenteil, eine unrichtige Behauptung zu belegen, gleichgültig, wie es im übrigen auch um den guten Glauben des betreffenden Beweisführers stehen mag[2].

Die Beweisführung vor Gericht bezweckt also ihrem Wesen nach, beim Richter eine bestimmte Überzeugung hervorzurufen. Natürlich ist diese Überzeugung nicht ein Ergebnis von Willkür oder Einbildung: Sie muß auf einer den Umständen angemessenen Beweisführung beruhen, die sowohl den Verstand als auch das Gefühl anspricht — darin liegt die ganze Kunst des Anwalts —, die auf jeden Fall aber geeignet ist, den Richter in dem gewünschten Sinne zu beeinflussen. Der Richter wird immer glauben, daß seine Entscheidung der Gerechtigkeit entspricht, selbst wenn sie auf trügerischem Grunde ruht. Im übrigen drückt der richterliche Spruch, der des Geschworenen wie der des Berufsrichters, nicht die individuelle Ansicht dessen aus, der ihn fällt: Der Richter ist der Sprecher des sozialen Verbandes. Er sieht — oder soll es wenigstens tun — von seinen persönlichen Überzeugungen und Neigungen ab, wenn er seine Aufgabe erfüllt. Der Beweis wird also allen in einer Gruppe umlaufenden Vorstellungen Rechnung tragen und hat dann die größten Aussichten, den Sieg zu erringen.

Die geschichtliche Entwicklung der gerichtlichen Beweisführung ist in dieser Hinsicht reich an Lehren. Bei den wenig entwickelten Völkern wird bekanntlich das gesamte geistige und sittliche Leben von dem Glauben an die Existenz übernatürlicher Mächte beherrscht. Diese sind die wahren Urheber alles dessen, was geschieht, sowohl regelmäßig wiederkehrender Ereignisse, wie des Laufs der Gestirne, als auch ungewöhnlicher, Schrecken verbreitender Tatsachen, wie schlechter Ernten, Epidemien, gewaltsamer Todesfälle usw. In den Gesellschaften dieser Art kann der gerichtliche Beweis natürlich nichts anderes sein

---

[2] Augenblicklich scheint das gerichtliche Beweisverfahren in einer Umgestaltung begriffen zu sein: Es ist dabei, den Parteien zu entgleiten. Die Fortschritte der Kriminalpolizei und die immer ausgedehntere Beiziehung von Gutachten haben zur Folge, daß in der Mehrzahl der Prozesse die Tatsachen feststehen und sich jeder Diskussion entziehen. Die Parteien haben nicht mehr im eigentlichen Sinne Beweis zu erbringen: Ihre Beweisführung zielt fast ausschließlich darauf ab, die Dinge in einem Licht erscheinen zu lassen, das den Richter zu ihren Gunsten einnimmt. Man könnte fast sagen, daß eine Trennung zwischen den beiden Aufgaben des Beweises eingetreten ist, wobei die Erforschung der Wahrheit quasiwissenschaftlichen Gremien anvertraut ist, während die Meinungsbildung des Richters den Bemühungen der Parteien oder ihrer Anwälte überlassen bleibt.

als ein Appell an die höheren Mächte, eine Bitte, sie mögen den Schuldigen bezeichnen, den Verantwortlichen für die Tat, die die Unruhe in die Gruppe gebracht hat.

Das üblicherweise zu diesem Zwecke benutzte Verfahren ist das Ordal. In seiner allgemeinsten Bedeutung ist das Ordal eine Probe, die einer verdächtigen Person auferlegt wird, um dank des Eingreifens einer übernatürlichen Macht über sie die Wahrheit herauszufinden. Das Ordal kann die verschiedensten Gestalten annehmen. Seine verbreitetste Form ist das Gift, gerade wegen der Ungewißheit des Ausgangs: Je nachdem, ob der arme Sünder nach dem Hinunterschlucken des Zaubertranks krank wird oder nicht, sieht man ihn als schuldig oder als nicht schuldig an. Den Eid, allein oder zusammen mit Eideshelfern geschworen, kann man als Beweismittel gleicher Art betrachten, denn die zu Unrecht erfolgte Anrufung eines übernatürlichen Wesens setzt den Meineidigen der Krankheit oder dem Tod aus. Diese Proben — denen man noch viele andere hinzufügen könnte — sind also zugleich Beweise. Ist im Französischen nicht sogar das Wort dasselbe, épreuve (Probe) und preuve (Beweis)? Darüber hinaus sind die Proben Urteile, denn sie enthalten Spruch und Sanktion und unterscheiden sich oft nicht davon.

Dieses System, das in einer mehr oder weniger zurückliegenden Epoche für die gesamte Menschheit gegolten hat und das noch immer über einen großen Teil des Erdballs herrscht, verdient, daß man einen Augenblick bei ihm verweilt. Es genügt in der Tat nicht zu erklären, das Ordal oder der Eid seien Beweise oder Proben, man muß sich vielmehr fragen, worauf sich der Beweis eigentlich genau bezieht und worin seine Beweiskraft liegt. Ich habe gerade gesagt, daß die Menschen in jenem Stadium der Zivilisation alle Ereignisse höheren Mächten zuschreiben. Wäre das wörtlich zu verstehen, dann ließe sich kaum erklären, warum sie sich so sehr bemühten, einen Verantwortlichen aus dem menschlichen Geschlecht zu finden. Tatsächlich ist das, was sie interessiert, was sie berührt, nicht so sehr die Ursache der Erscheinungen als das Verhalten der Menschen. Angesichts eines Individuums, das aus irgendeinem Grunde einen Verdacht erregt hat, fragen sie sich weniger, ob es die Tat, die man ihm vorwirft, wirklich begangen hat, als vielmehr, ob dieses Individuum ihres Vertrauens würdig ist oder nicht, und ihr Gedankengang ist der folgende: „Er ist als unerwünscht abgestempelt, folglich hat er das Delikt begangen" und nicht wie bei uns: „Er hat das Delikt begangen, folglich ist er unerwünscht." Man sieht hieraus, daß der Beweis nicht darauf angelegt ist, den Mechanismus von Ursache und Wirkung hinsichtlich der vorgeworfenen Handlung aufzudecken, sondern allein darauf, die, wie man es mangels

eines besseren Wortes nennen könnte, Moralität der verdächtigen
Person zu beurteilen.

Über diese Moralität befindet das Ordal. Das Ordal gehört in der Tat
zu jener sehr umfangreichen Kategorie von Tests, deren sich eine
soziale Gruppe bedient, um die Ordnungsmäßigkeit des Verhaltens
ihrer Mitglieder zu kontrollieren. Diese Tests sind außerordentlich zahlreich und vielgestaltig. Sie reichen vom Ordal und Duell, bei denen
man sein Leben riskiert, bis hin zu den einfachen Riten und Gebärden
des täglichen Lebens, deren Nichterfüllung Lachen oder Ironie zur
Folge hat. Diese letzteren haben nichts mit der Gerechtigkeit und nicht
einmal etwas mit dem Recht zu tun, während Ordalien, Eide, Duelle
gerichtliche Beweismittel darstellen — zweifellos keine Beweismittel
für eine Tatsache, sondern Beweismittel für die Ehrenhaftigkeit oder
Unwürdigkeit des Verdächtigen. Man sieht, wie hier die überzeugungs-
bildende Aufgabe der gerichtlichen Beweisführung in voller Schärfe
erscheint. Wegen der Ehrfurcht und der Angst, die die übernatürlichen
Mächte einflößen, kann keine Überzeugung stärker sein als die, die sie
selbst gewährleisten. Der Mensch, der siegreich aus den Proben hervorgeht, vermöchte keine bessere Rechtfertigung für sein Verhalten und
demzufolge für sein gutes Recht anzubieten. Strauchelt er dagegen,
dann verdient er weder die Rücksicht noch den Schutz der Gesellschaft;
er ist des Vergehens, dessen man ihn anklagt, schuldig.

Man kann ein solches System das System der mystischen Beweise
nennen. Diesem System steht dasjenige gegenüber, das allgemein in
den entwickelteren Gesellschaften angewendet wird und das man als
das System der rationalen Beweise bezeichnet. Der Name rührt daher,
daß es auf einer klareren Erkenntnis der Verknüpfung von Ursache
und Wirkung der Erscheinungen beruht und auf einer Profanierung
der Geisteshaltung, die grundsätzlich jeden übernatürlichen Einfluß
aus dem sozialen Leben ausschaltet. Die Beweisführung setzt eine weit
verbreitete Durchschnittsbildung voraus, und sie bedient sich der Anwendung physikalischer und psychologischer Gesetze. Ein Anwalt, der
seinen Mandanten damit verteidigte, daß er sein Verhalten mit dem
Eingreifen eines Wunders erklären und entschuldigen wollte, hätte
selbst vor einem Gericht von überzeugten Gläubigen wenig Aussicht,
einen Freispruch zu erreichen. Wie ich schon weiter oben gesagt habe,
zielt die gerichtliche Beweisführung viel mehr darauf ab zu überzeugen als zu beweisen, und sehr oft nimmt sich eine Partei — bewußt
oder unbewußt — vor, einer ungerechten Sache zum Sieg zu verhelfen.
Selbst in diesem Falle wird sie sich in den üblichen Gedankengängen
logischer Begründung halten, und die Fähigkeit des Anwalts besteht
darin, deren Fehlerhaftigkeit nicht offenbar werden zu lassen. Im

Gegensatz zu den mystischen Beweisen sind diese Beweise der Abstufung fähig, sie sind der Erörterung zugänglich, und sie führen manchmal zum Abschluß eines Vergleichs.

Diese zwei Beweissysteme, auf den ersten Blick so grundverschieden, sind im Laufe der Geschichte aufeinander gefolgt: Das zweite ist unbestreitbar an einen fortgeschritteneren Stand der Zivilisation gebunden als das erste. Es dürfte interessant sein, den Übergang von dem einen zu dem anderen zu beobachten. Das römische Recht gestattet uns, hierin Einblick zu nehmen. (Ich mache den Leser darauf aufmerksam, daß ich jetzt meine persönlichen Ansichten darlege.)

Der älteste römische Zivilprozeß bot sich in der Gestalt einer Reihe ritueller Formen dar, die die Parteien unter Strafe der Ungültigkeit fehlerlos aussprechen mußten. Manchmal — besonders im Verfahren über das Eigentum an einer Sache — wurden diese Worte durch eine nicht weniger verbindliche Gebärde unterstrichen. Die Partei berührte mit ihrem Stab den streitbefangenen Gegenstand. Man hat allen Grund zu glauben, daß diese aus Worten oder Gebärden bestehenden Riten wie die Ordalien Symbole waren, denen die römische Gesellschaft eine übernatürliche Kraft beimaß. Durch die peinlich genaue Beobachtung der überkommenen Förmlichkeiten begründet die Partei ihr soziales Ansehen und mittelbar ihr gutes Recht. Diese Deutung wird bestätigt durch die Tatsache, daß es meiner Ansicht nach im alten Prozeß auf die Grundlage des Rechts nicht ankommt: Keine Partei bringt das geringste juristische Argument zur Begründung ihres Rechts vor, beruft sich etwa auf das Bestehen eines Vertrages, um ihre Forderung zu rechtfertigen, auf Rechtsnachfolge, auf Kriegsbeute o. ä. als Grundlage für ihr Eigentum. Die einzige Quelle, auf die sie sich bezieht, ist die genaue Beachtung der Riten. Jeder wettet, daß der andere sie nicht einhalte. Unterzogen sich jedoch alle beide diesen verschiedenen Proben, dann wurde es, um aus der Sackgasse herauszukommen, notwendig, eine Art Stichprobe zu veranstalten, was mittels eines noch dunklen Verfahrens, des sog. *Sacramentum* geschah, das dem gesamten Vorgang seinen Namen gegeben hat. Höchstwahrscheinlich war das ein Akt von gleicher Art — vielleicht ein Eid, vielleicht ein Opfer, zweifellos ein Eid, begleitet von einem Opfer —, auf Grund dessen sich herausstellte, wer unrecht und wer recht hatte. Auf jeden Fall scheint sich, worauf es uns hier ankommt, in diesem archaischen Prozeß alles auf mystischer Ebene abzuspielen. Er kennt keinen rationalen Beweis. Der Urteilsspruch ist nur das letzte Glied in einer Reihe von Riten und unterscheidet sich nicht wesentlich von denen, die ihm voraufgehen. Es ist außerordentlich wahrscheinlich, daß die Obrigkeit, der die Entscheidung des Rechtsstreits obliegt, religiöse Weihe besitzt: Es ist ein König oder ein Priester.

Ein wenig später sehen wir in Rom einen Prozeß völlig neuer Art entstehen, der den Namen *iudicis postulatio* (Antrag auf Bestellung eines Richters) trägt. Er enthält ebenfalls eine Reihe ritueller Formeln, aber der Vergleich dieser Formeln mit denen des *Sacramentum* ist besonders lehrreich. Ich will hier nicht auf technische Einzelheiten eingehen. Ich will nur bemerken, daß — was entscheidend ist — die Erklärung des Klägers nunmehr die Angabe des juristischen Grundes für sein Recht enthält, während sie sich in der Form des *Sacramentum* nicht fand. Wenn seiner Forderung ein Schuldversprechen *(sponsio)* zugrunde liegt, dann sagt er: *Ex sponsione te mihi X SS dare oportere aio.* (Ich behaupte, daß du mir auf Grund eines Schuldversprechens 10 Sesterzen schuldest.) Wir sehen hier das Anzeichen einer wahren Umwälzung: Die Formel gilt nicht mehr um ihrer selbst willen, auf Grund übernatürlicher Kraft.

Es ist jetzt die tatsächliche Grundlage des Rechts, die Gegenstand der Gerichtsverhandlung wird. Man untersucht im Falle eines Leistungsversprechens, ob es abgegeben worden ist, und greift zu diesem Zwecke zurück auf alle Untersuchungsmittel, Zeugen, Urkunden usw. Von Eid oder Opfer ist keine Rede mehr. Mit anderen Worten, an die Stelle des übernatürlichen Beweises, der allein erbracht wurde durch die peinlich genaue Beobachtung des Rituals, ist der rationale Beweis getreten, der, im menschlichen Bereich angesiedelt, Abstufungen und Widerspruch verträgt. Deshalb ist die Person, die über den Rechtsstreit entscheidet, auch nicht mehr wie früher mit religiöser Autorität versehen; es ist ein einfacher Privatmann, ein Richter oder ein Schiedsrichter, dessen Auswahl dem neuen Verfahren seinen Namen gegeben hat.

Ich kann hier nicht untersuchen, unter welchen Einflüssen es in Rom zu dieser Verweltlichung des Beweissystems gekommen ist. Es genügt die kurze Bemerkung, daß es unmittelbar mit der Gründung der Stadt zusammenzuhängen scheint, die wohl in der Art eines mächtigen sozialen Schmelztiegels zum Zusammenbruch der Sippenverbände und ihrer althergebrachten Überzeugungen geführt hat. Wie dem auch sei, das römische Beispiel zeigt uns anschaulich den Übergang von einem mystischen zu einem rationalen Beweissystem.

Als anderes nicht weniger interessantes geschichtliches Beispiel könnte man die Entwicklung der Zeugenaussage in bestimmten sozialen Gruppen anführen. Im Altertum sind die Zeugen Eideshelfer, das heißt, sie bekräftigen mit ihrem eigenen Eid denjenigen, den das verdächtige Individuum schwört: Im allgemeinen gehören sie zu seiner Familie oder zum Kreis seiner Freunde. Man sieht, es handelt sich in keiner Weise um Zeugen im heutigen Sinne des Wortes, das heißt um Personen, die die dem Angeklagten vorgeworfenen Tatsachen gesehen oder gehört haben. Der gemeinsame Schwur gehört vielmehr zum System der mystischen Beweise, denn seine Aufgabe besteht darin, den Eid zu verstärken. Es ist nun reizvoll zu beobachten, wie in Westeuropa die Eideshelfer im Mittelalter ihre Rolle wechseln und mitunter zu Richtern, meistens aber zu Zeugen modernen Typs werden. Auch hier steht man vor einer charakteristischen Verschiebung der Elemente, die zur Überzeugung des Richters führen. Das Ansehen des Eides sinkt, und im selben Augenblick erscheint der Streitfall als Wirkung materieller, moralischer oder psychologischer Ursachen, die, auf menschlicher Ebene gelegen, nachgeprüft und bestritten werden können. Auch hier sieht man wieder, wie ein mystisches Beweissystem durch ein rationales Beweissystem abgelöst wird, und zwar zweifellos auf Grund sozialer Ursachen, die denen, welche diesen Wandel im alten Rom hervorgerufen haben, ziemlich ähnlich sind.

Diese zwei Systeme gerichtlicher Beweisführung scheinen von Grund auf verschieden, und sie sind es in der Tat auch. Dennoch kann man, da das zweite aus dem ersten entstanden ist und weil beide dieselben Funktionen erfüllen, annehmen, daß jenseits aller trennenden Unterschiede mystische und rationale Beweise Gemeinsamkeiten besitzen, die die Kontinuität der Institution erkennen lassen.

Kommen wir zurück auf die Definition, die wir von ihr gegeben haben. Mit Hilfe der Beweise versucht man hauptsächlich, im Richter die Überzeugung von seinem guten Recht hervorzurufen. Wie gelangt man dahin? Indem man die Mittel benutzt, die geeignet sind, den stärksten Eindruck auf ihn zu machen. In einer Gesellschaft, in der alles von dem Gedanken an übernatürliche Mächte beherrscht ist, ist es normal, wenn man diese Mächte bittet, sie möchten durch ein sichtbares Zeichen zu erkennen geben, auf wessen Seite die Wahrheit liegt; die unsicheren, schwierigen, auf irdischen Argumenten beruhenden Untersuchungen haben gegenüber den ersteren derart geringen Wert, daß man sie vernachlässigt, genauer, daß man gar nicht einmal daran denkt, sie zu benutzen. Man hat Vertrauen in Symbole, Riten und Formeln, deren Erfüllung gemäß der Überlieferung deutlich die Rechtmäßigkeit oder Unrechtmäßigkeit der Handlung, die Schuld oder Unschuld des Angeklagten erweist.

Auf den ersten Blick ist es in Gesellschaften wie den unseren ganz anders. Nachdem die Symbole ihren religiösen Nimbus verloren haben, nachdem das Übernatürliche im sozialen Leben nur noch eine zweitrangige Rolle spielt, gründet sich die richterliche Entscheidung nicht mehr auf Zeichen aus dem Jenseits, sondern auf die besonderen Umstände der beanstandeten Handlung, die so sorgfältig wie möglich untersucht werden. Die Prüfung geschieht jedoch, wie ich schon oben gesagt habe, nicht mit denselben Methoden wie in den exakten Wissenschaften oder in den Gesellschaftswissenschaften. Der Richter sucht die Wahrheit mit Hilfe der Parteien, von denen man nicht verlangen kann, daß sie das uneigennützige Verhalten des Wissenschaftlers an den Tag legen. Meistens wird sich der Richter auf Grund von Beweismitteln, die schon von der Sache her verdächtig sind, eine Meinung bilden, und seine (im etymologischen Sinne dieses Wortes) kritische Bemühung wird darin bestehen, auf beiden Seiten die mangelhaften Bestandteile auszumerzen, um zur Wahrheit zu gelangen.

Aber heißt das nicht, die Aufgabe des Richters zu rosig sehen? Zweifellos kann man sagen, daß er in der Ungewißheit die Wahrheit sucht, aber diese Wahrheit ist nicht dieselbe wie die des Wissenschaftlers. Die gerichtliche Wahrheit hat teil an der Natur der gesellschaftlichen Dinge. Diese erfordern ein Minimum an Sicherheit. Daher wird die gerichtliche Entscheidung, obwohl mit Mitteln gewonnen, die der Wissenschaftler für oberflächlich halten würde, kraft einer Fiktion, hinsichtlich deren sich übrigens niemand einer Täuschung hingibt, für wahr gehalten: *Res iudicata pro veritate habetur*, vorbehaltlich der Verfahren, mit deren Hilfe man in Ausnahmefällen zu einer Abänderung kommen kann. Die besonderen Umstände seiner Aufgabe zwingen den Richter dazu, sich mit einer oberflächlichen Prüfung zufriedenzugeben. Er hat weder Zeit noch Mittel, um sich der gründlichen Untersuchung eines jeden Streitfalles widmen zu können. Das ist der Grund, warum die Beweise, auf die er seine Entscheidung stützt, meistens nur Wahrscheinlichkeiten sind oder, genauer, Wahrheiten, die, sei es in der Form von Gegebenheiten des gesunden Menschenverstandes, sei es als Vermutungen oder als Gesetzesparagraphen, in seiner sozialen Gruppe gelten. Das geht so weit, daß man, wenn man es sich recht überlegt, zu dem Ergebnis kommt, daß es zwischen dem System der rationalen und dem der mystischen Beweise gar keine Kluft gibt, sondern daß das eine wie das andere ein System von Referenzen ist, die dem Richter zur Bildung seiner Überzeugung angeboten werden. Es ist vielleicht nicht übertrieben zu sagen, daß der gerichtliche Beweis noch immer in einem System von Symbolen besteht, deren Natur sich zwar mit der Kulturstufe der jeweiligen Gesellschaft ändert, die aber den Zug gemeinsam haben, daß sie die Überzeugung im eigenen Sinne beeinflussen wollen. Um in einer der Psychologie etwas vertrauteren Sprache zu reden, will ich gern einräumen, daß jedes Beweissystem dazu bestimmt ist, einer Erwartung der sozialen Gruppe zu entsprechen, vielleicht sogar einem Gefühl der Bangigkeit ein Ende zu bereiten, welches durch eine Störung des Gleichgewichts, eine Ungewißheit oder einen Verdacht entstanden ist. Zweifellos neigt der rationale Beweis mehr dem wissenschaftlichen Beweis zu, aber er ist noch weit davon entfernt, ihm zu gleichen, und man hat allen Anlaß zu glauben, daß er ihm auf Grund der besonderen Bedingungen, denen er genügen muß, nie völlig gleichkommen wird.

Ist es im übrigen so sicher, daß der wissenschaftliche Beweis seinerseits von jeder Abhängigkeit frei ist und daß er nicht auch wie die anderen, wenn auch in geringerem Maße, genötigt ist, sich auf ein Netz nur vorläufiger Wahrheiten zu stützen, die in der sozialen Gruppe Geltung besitzen, die aber, unaufhörlichen Nachprüfungen ausgesetzt, dazu bestimmt sind, neuen, auch wieder vergänglichen Wahrheiten Platz zu machen? Zweifellos kann der Mensch die Wahrheit niemals anders als mit Hilfe von Symbolen erreichen, und der Fortschritt auf wissenschaftlichem wie auf rechtlichem Gebiet besteht wesentlich darin, diese Symbole immer mehr zu vervollkommnen.

VIII. Die juristische Person[1]

Eine der wichtigsten Erkenntnisse der zeitgenössischen Soziologie ist die von der Eigenständigkeit des sozialen Sachverhalts. Es ist vielleicht das Hauptverdienst Durkheims, behauptet und bewiesen zu haben, daß die Gruppe etwas anderes und mehr ist als die Summe ihrer einzelnen Teile. Durkheims These ist auf heftigen Widerspruch gestoßen. Man klagte den Urheber an, er schaffe willkürlich ein metaphysisches Wesen, das keine substantielle Wirklichkeit besitze. Aus einer angeblich auf Erfahrung und Tatsachen gegründeten Sicht der Dinge höhnte man, man sehe in der Natur nur Einzelwesen und in den Gesamtheiten allenfalls Ansammlungen von Einzelwesen.

Um seine Auffassung zu verteidigen, um sie verständlicher zu machen, weist Durkheim auf gewisse Syntheseerscheinungen in der physikalischen und biologischen Welt hin[2]. Das Wasser, sagt er, zeigt andere Eigenschaften als die beiden Elemente Sauerstoff und Wasserstoff, aus denen es besteht. Die lebende Zelle kann sich nicht, ohne sich zu zerstören und ihre besondere Eigenart zu verlieren, in ihre einzelnen Bestandteile auflösen ... So trefflich diese Beispiele sind, sie sind einer Vorstellungswelt entnommen, die von den sozialen Sachverhalten zu weit entfernt ist, als daß sie unmittelbar überzeugen könnten. Es ist bedauerlich, daß Durkheim nicht ein tieferes juristisches Wissen gehabt hat. Er hätte auf rechtlichem Gebiet Erscheinungen derselben Art gefunden, und zwar noch passendere. Die Juristen haben sich —

---

[1] Auszug aus den *Annales sociologiques*, Reihe C, Heft 3, Alcan, 1938, S. 1—13.

[2] Vgl. insbesondere: Règles de la méthode sociologique, 8. Aufl., 1927, S. XV; Neuaufl. 1947, S. XVI.

sehr ungern — gezwungen gesehen zuzugeben, daß die Gruppen im
Rechtsverkehr die Rolle einer Person spielen, und das ist der Punkt,
den genauer darzulegen mir lohnend erscheint. Untersuchen wir, statt
dialektisch Begriffe zu analysieren, wie das Recht tatsächlich die
Gesamtheiten betrachtet.

Aus einer historischen Sicht der Dinge scheint es nicht zweifelhaft,
daß in den wenig fortgeschrittenen Gesellschaften die Gruppen wegen
ihrer mangelnden Differenzierung nicht als Anhäufungen von Einzelpersonen behandelt werden. Es ist eine wohlbekannte Tatsache, daß
das Individuum sich nur langsam und unter Mühen aus der Gruppe,
deren Teil es gewesen ist und die in den primitiven Kulturen eine
fast gleichartige und unzerlegbare Einheit bildet, herausgelöst hat.
Man übertreibt also nicht, wenn man sagt, daß in der Geschichte —
vom Standpunkt der sozialen Beziehungen aus — die juristische oder
Kollektivperson der physischen Person vorangegangen ist.

Das römische Recht ist von Grund auf individualistisch. Es kennt
wenige Sekundärgruppen und zeigt eine gewisse Abneigung gegen
Vereinigungen. Das Rechtssubjekt ist in Rom der Bürger, dem man
den Sklaven und anfangs den Fremden gegenüberstellt. Aber keine
Gesellschaft kann bestehen, ohne daß es in ihr Gesamtheiten gibt,
nicht einmal die umfassendste von allen: der Staat. So individualistisch
die Römer waren, mit ihrem bewundernswerten juristischen Gespür
haben sie doch bemerkt, daß wenigstens gewisse Gruppen etwas
anderes sind als eine Ansammlung von Mitgliedern. Ich meine die,
die sie mit dem Namen *universitates* bezeichnen. In einem berühmten
Text der *Digesten* (Buch 1, Tit. 8, Fragm. 6, Par. 1) erklärt der Rechtsgelehrte Marcian, der im 2. Jh. unserer Zeitrechnung lebte, klar und
deutlich: „Quod universitatis est, non est singulorum", und stellt damit
die Gesamtheit als Ganzes den einzelnen Teilen gegenüber, aus denen
sie sich zusammensetzt. Andere Texte derselben Sammlung zeigen, daß
es sich nicht um eine Einzelmeinung handelt[3].

Im übrigen ist für die Römer nicht jede Gruppe eine *universitas*.
Um diesen Namen zu verdienen, muß das Kollektivgebilde die Individuen, aus denen es besteht, bis zu einem gewissen Grade absorbiert
haben. Man stellt der *universitas* daher Gruppen gegenüber, deren
Mitglieder ihre Eigenpersönlichkeit nicht im Schoße der Gruppe verloren
haben. Das ist in der klassischen Zeit[4] der Fall des Miteigentums. Das

---

[3] z. B. Ulpian in den Digesten 48. 18. 1. 7, wo es um die Sklaven der Munizi-
palgemeinden geht: „ ... qui non est illorum servus, sed rei publicae ..."

[4] Rom hat ursprünglich eine andere, grundverschiedene Art des Miteigentums gekannt, bei der die Persönlichkeit eines jeden Mitglieds in der Gesamtheit der Gruppe aufging. Das war das Familien*konsortium*, eine Art
joint-family, über das die kürzliche Entdeckung neuer Fragmente der *Insti-*

gilt weiter für die Gruppen, die sich auf den *intuitus personae* gründen, wie die Familie, die eheliche Gemeinschaft, die Gewinnverteilungsgesellschaft. Die Gesamtheiten dieser Art sind grundsätzlich nur Ansammlungen von Personen, die gemeinsame Interessen besitzen oder die sich zusammengeschlossen haben, um gemeinschaftlich gewisse gemeinsame Ziele zu verfolgen. Sie bilden aber an sich nach römischer Auffassung in keiner Weise neue Personen. Halten wir diese wichtige Unterscheidung zwischen der *universitas* und der *societas* fest, und gehen wir zur Untersuchung des geltenden Rechts über.

Eine oberflächliche Betrachtung der Dinge würde hier an den Ausdruck Rechtspersönlichkeit oder juristische Person anknüpfen. Nur die Gruppen, die mit „Rechtspersönlichkeit" beliehen sind, wären für das Recht Personen *(universitates)*, die anderen Gesamtheiten dagegen Vereinigungen von Individuen, die ihre Individualität bewahren, genau wie bei der societas der Römer.

Eine derartige Arbeitsweise setzt sich jedoch schweren Irrtümern aus. Zweifellos sind im großen und ganzen gesehen die Gesamtheiten, denen Rechtspersönlichkeit zuerkannt wird, auch die mit kollektiver Individualität; bei genauerem Hinsehen stößt man aber auf sonderbare Eigentümlichkeiten. Wenn man noch bis zu einem gewissen Grade versteht, daß die Gemeinden juristische Personen sind, die Bezirke aber nicht — diese unterschiedliche Behandlung ist hauptsächlich historisch zu erklären —, so ist es schon schwieriger einzusehen, warum das Wohlfahrtsamt der Stadt Paris Rechtspersönlichkeit besitzt, während der staatlichen Abteilung für Wohlfahrt diese Eigenschaft vorenthalten wird[5].

Darüber hinaus ist es nicht immer das Gesetz, das den Gruppen die Rechtspersönlichkeit zuerkennt. Mitunter folgert die Lehre oder die Rechtsprechung die Existenz der Persönlichkeit aus bestimmten Gegebenheiten, über deren notwendige Beschaffenheit alles andere als Einigkeit herrscht. So sprach Saleilles die Persönlichkeit allen Gesellschaften mit der einzigen Ausnahme der Aktiengesellschaften ab, während die Rechtsprechung sie seit 1892 selbst den Gesellschaften des bürgerlichen Rechts zuerkennt. Sogar da, wo die Rechtspersönlichkeit erst durch das Gesetz verliehen wird, wie bei den Vereinen, kann man nicht sagen, daß der Staat eine konstitutive Rolle spielt; die Verleihung wirkt lediglich deklaratorisch[6]. Der Staat belehnt Gruppen offiziell, die auch ohnedies Gesamtpersönlichkeiten sind. Ein bezeichnendes Beispiel dafür liefern die Berufsverbände. Saleilles bemerkt über sie

---

tutionen des Gaius neue Erkenntnisse gebracht hat (vgl. unsere Bemerkungen in den ‚Annales sociologiques', Reihe C, Heft 2, S. 83).

[5] *Planiol* et *Ripert*, Traité élémentaire de Droit civil, Bd. I, S. 1.055.

[6] *Saleilles* in: Annales du Droit commercial, Bd. IX (1895), S. 65.

schon mit Recht, sie verfolgten ein Ziel, das dem persönlichen Interesse ihrer Mitglieder oft entgegengesetzt sei[7]. „Das Gesamtinteresse des Verbandes ... führt manchmal dazu, vorübergehend das Eigeninteresse der Verbandsmitglieder oder einiger von ihnen dem gemeinen Nutzen zu opfern." Der Verband spielte also schon lange, bevor das Gesetz vom 12. 3. 1920 ihm die Rechtspersönlichkeit zuerkannte, die Rolle einer Person.

Aus dieser Darlegung folgt mit aller Deutlichkeit, daß die Rechtspersönlichkeit eine ziemlich künstliche und rein begrifflich-technische Konstruktion ist[8]. Aber unter diesem technischen Schein verbirgt sich eine soziale Wirklichkeit, die über den Begriff hinausgeht und die es in ihrer Gesamtheit zu betrachten gilt. Es gibt Gruppen, die sich in ihren rechtlichen Beziehungen wie Individuen verhalten, gleichgültig, ob sie juristische Personen sind oder nicht. Ihnen gilt unsere Aufmerksamkeit, und um den Unterschied zu kennzeichnen, werden wir vorzugsweise den Ausdruck „Kollektivpersonen" verwenden, wenn wir von ihnen reden.

Um jedoch einem Irrtum vorzubeugen: Nichts liegt uns ferner, als dem Begriff der „Kollektivperson" einen absoluten Charakter zuzuerkennen. Das ist keine Eigenschaft, die den einen Gesamtheiten ein für allemal zukommt und die den anderen genau so endgültig fehlt. Unsere gesamte Abhandlung wird vielmehr im Gegenteil zeigen, daß es sich dabei um eine völlig relative Größe handelt, und zwar sowohl psychologisch als vielleicht auch juristisch, die letzten Endes von der Existenz eines Kollektivwillens abhängt.

Nachdem damit der Weg freigelegt ist, wollen wir prüfen, ob das heutige Recht die Gruppen als einfache Ansammlungen von Individuen ansieht oder als Rechtssubjekte, die *per se* existieren.

Man muß, so scheint es, zwischen den unorganisierten und den organisierten Gruppen unterscheiden. Zu den ersten zählen diejenigen, die keine Dauer aufweisen, wenn also Menschen sich zufällig aus Anlaß einer bestimmten Gelegenheit versammelt haben. Dazu gehört zum Beispiel das Publikum, das einer Theateraufführung beiwohnt. Für den Soziologen haben diese versammelten Menschen ein gemeinsames Denken, gemeinsame Gefühle, die im guten wie im schlechten über ihre individuellen Gedanken und Gefühle hinausgehen. Im Zuschauerraum entsteht das, was man mit einem Wort, das man besser vermeiden sollte, eine Kollektivseele nennt.

---

[7] *Saleilles*, De la personnalité juridique, 2. Aufl., S. 592.

[8] In dieser Hinsicht sind wir einer Meinung mit *Gény*, Science et technique, 3. Aufl., S. 218 ff. Er scheint aber nicht gesehen zu haben, daß dieser technische Begriff unvollkommen eine tatsächliche Gegebenheit widerspiegelt.

Nimmt das Recht Notiz von diesem sozialen Sachverhalt?

Die Frage stellt sich praktisch nur, wenn es gilt, die strafrechtliche Verantwortlichkeit solcher Gesamtheiten zu beurteilen. Es kann vorkommen — und es kommt nur zu oft vor —, daß eine derartige Ansammlung sich hinreißen läßt zu strafbaren Handlungen, die jedes einzelne Individuum, aus der sie besteht, für sich allein nicht begangen hätte. Das sind die sogenannten Konvergenzdelikte. Es ist nun, wie zahlreiche Gerichtsentscheidungen beweisen[9], nicht zweifelhaft, daß die kollektive Umgebung, in der sie geschehen, zu Recht oder zu Unrecht als Grund für die Minderung der strafrechtlichen Verantwortlichkeit der Täter betrachtet wird. Unter diesem Gesichtspunkt kann man schon sagen, daß das Recht das Vorhandensein von Kollektivwesen anerkennt.

Aber der Fall einer Ansammlung von Menschen an einem bestimmten Ort ist nicht der interessanteste, und im übrigen gehört jeder Mensch, so vereinzelt man ihn sich auch vorstellt, zu einer oder gar zu mehreren Gesamtheiten. Das Problem kann also in der folgenden Fragestellung im Bereich des Privatrechts auftauchen: Werden die organisierten und auf eine gewisse Dauer angelegten Gesamtheiten vom Recht als Ansammlungen von Individuen oder als davon verschiedene Rechtssubjekte behandelt?

Man muß hier eine grundlegende Unterscheidung vornehmen. Manche Gesamtheiten beruhen auf der Individualität der Personen, dem *intuitus personae*, wie es die Römer nannten. Bei anderen dagegen wird die Individualität in den Hintergrund gedrängt oder verschwindet sogar völlig, und das, was die Gruppe zusammenhält, ist ein Interesse, das außerhalb und über dem Willen eines jeden individuellen Elements steht, aus dem sie sich zusammensetzt.

Das Musterbeispiel für die erste Art ist in unseren Tagen wie in Rom das Miteigentum oder wenigstens die Art von Miteigentum, wie sie von der französischen Gesetzgebung und Rechtsprechung verstanden wird. Es handelt sich dabei um ein Institut, bei dem jeder Teilhaber, abgesehen von seinem ausschließlichen Rechte am ungeteilten Anteil, absolute Rechte an der gemeinsamen Sache hat. Infolgedessen kann an der gemeinsamen Sache keine Änderung, kein Rechtsgeschäft vorgenommen werden ohne die Zustimmung aller Miteigentümer. Der Widerspruch eines einzigen genügt, um jede Entscheidung zu verhindern: „In re pari potior causa prohibentis." Das zeigt deutlich, daß jeder Miteigentümer seine Individualität bewahrt hat und daß hier kein Gemeinschaftsinteresse entstanden ist. Das internationale Recht liefert uns ein Beispiel der gleichen Art in der Organisation des Völkerbundes. Wenn jeder

---

[9] *Sighele,* La foule criminelle, 2. Aufl., S. 282 ff.

Staat im Schoße des Organismus von Genf dem Willen aller anderen
Schach bieten kann, wenn dort mit anderen Worten der Grundsatz
der Einstimmigkeit herrscht, dann ist das der Beweis dafür, daß sich
das Kollektivinteresse noch nicht mit ausreichender Kraft herausgebildet hat, um im Bedarfsfalle die Individualinteressen der Staaten
zurücktreten zu lassen[10].

Am entgegengesetzten Ende finden sich die Gruppen, in denen die
Individualität der Personen nicht die geringste Rolle spielt. Die be-
zeichnendsten sind die Stiftungen, bei denen der Gedanke an die
Person sich fast vollständig verflüchtigt, um dem Begriff des Zweckes
Platz zu machen. Bei einer Stiftung etwa mit der Aufgabe, eine
bestimmte Entwicklung auf wissenschaftlichem Gebiet zu fördern, ist
die Persönlichkeit der Mitglieder, die häufig nichts tun, als ein Kapital
zu verwalten, und die mit den möglichen Begünstigten nicht identisch
sind, gleichgültig. Im übrigen entfernt man sich hier von dem Fall
einer Gesamtheit, die den eigentlichen Gegenstand dieser Untersuchung
bildet. Kehren wir dahin zurück und sehen wir uns die Aktiengesellschaften an: Bei ihnen haben wir es sehr wohl mit einer Vereinigung
von Individuen zu tun, die ein persönliches Interesse an dem Bestehen
und Funktionieren der Gruppe haben. Dennoch findet sich die wahre
Grundlage einer Gesellschaft dieses Typs nicht in der Person ihrer
Mitglieder, sondern in dem Unternehmen, das es auszuführen gilt,
sowie in der Erzielung und Verteilung von Gewinnen. Die Gesellschaft
hat sich gewissermaßen abgesondert, um ein eigenens Leben zu führen,
ein Leben, das in weitem Maße unabhängig ist von dem ihrer Mitglieder, aus denen sie besteht. Es ist ein neues juristisches Wesen
entstanden.

Die Existenz dieses juristischen Wesens zeige ich an folgenden Erscheinungen: es hat einen Namen, einen Sitz und ein Vermögen. Prüfen
wir jedes einzelne dieser Elemente seiner Persönlichkeit.

Die Aktiengesellschaft führt einen Namen, der sich im französischen
Gesetzesrecht notwendig von dem aller Gesellschafter unterscheidet
(Code de Commerce, Art. 29). Das ist weder ein Zufall noch eine bloße
Ordnungsfrage. Der Name ist ein wesentliches Element des Personen-
standes, das Symbol der Persönlichkeit. Aus der Tatsache, daß die
Aktiengesellschaft einen Namen trägt, der von dem ihrer Mitglieder
verschieden sein muß, kann man folgern, daß sie in den Augen des
Rechts ein eigenes Rechtssubjekt ist.

---

[10] Hieraus folgt m. E., daß man, sobald der Völkerbund für seine Entscheidungen das Mehrheitsprinzip annimmt, darin ein Anzeichen wenn nicht
für die Schaffung eines Überstaates, so doch für die Entstehung einer neuen
Person des Völkerrechts sehen kann.

Weiterhin hat die Aktiengesellschaft einen eigenen Sitz, der tatsächlich fast immer, rechtlich immer verschieden ist vom Wohnsitz ihrer Gesellschafter. Der Wohnsitz der Gesellschaft ist ihr Gesellschaftssitz, der ausschließlich den Geschäften der Gesellschaft gewidmet ist und nicht dem Wohnen.

Hauptsächlich beim Vermögen aber wird der Unterschied zwischen der Gesellschaft und ihren Mitgliedern offenbar. Eine Entwicklung, die erst zu Beginn des 19. Jahrhunderts ihren Abschluß fand, führte nämlich zu einer völligen Trennung des eigenen Vermögens der Gesellschafter von dem der Gesellschaft. Am deutlichsten zeigt sich diese *separatio bonorum*, wenn es um eine Gesellschaftsschuld geht. Die Gesellschaftsgläubiger können die Aktionäre nur bis zur Höhe des Betrags ihres Anteils in Anspruch nehmen: Der Rest des Vermögens ist jedem Zugriff verschlossen. Desgleichen wirkt sich ein Konkurs des Unternehmens nicht auf die Gesellschafter aus. Wenn, wie es die klassische Vermögenstheorie von Aubry und Rau will, das Vermögen, das heißt, die Fähigkeit, Eigentümer, Gläubiger oder Schuldner zu sein, nichts anderes als ein Ausfluß der Persönlichkeit ist, dann kann man der Schlußfolgerung nicht ausweichen, daß die Gesellschaft neben ihren Gesellschaftern, die *ut singuli* betrachtet werden, selbst Person ist.

Diese Annahme wird bekräftigt durch eine Untersuchung der Art und Weise, wie das Unternehmen geführt und wie es betrieben wird. Wir haben weiter oben gesehen, daß bei Gesamtheiten der ersten Art, bei der einfachen Vereinigung von Einzelpersonen, Einstimmigkeit für jede Entscheidung erforderlich ist und daß der Widerstand eines einzigen den Willen aller anderen Mitglieder der Gruppe lahmlegen kann. Bei den Aktiengesellschaften gilt der umgekehrte Grundsatz. Die Entscheidungen werden mit der Mehrheit der Stimmen gefaßt, und die Widersprechenden müssen sich beugen oder gehen. Die Ablösung des Erfordernisses der Einstimmigkeit durch den Mehrheitsgrundsatz ist sehr aufschlußreich. Sie zeigt, daß nunmehr im Schoße der Gruppe ein Kollektivwille entstanden ist, der sich nicht immer — das muß betont werden — durch dieselben Mitglieder ausdrückt, ein Wille, der viel stärker ist als jeder Einzelwille, den er sich unterzuordnen vermag.

Schließlich unterscheidet sich die Aktiengesellschaft von den Gesellschaften des ersten Typs auch wegen der Lösung, die für den Fall des Todes eines Gesellschafters gilt. Da hier der *intuitus personae* keine Rolle spielt, ist der Tod eines Aktionärs ohne Einfluß auf die Gesellschaft, die von Rechts wegen mit den Erben des Verstorbenen fortbesteht; ebenso steht der freien Veräußerung des Gesellschaftsanteils unter Lebenden kein Hindernis entgegen. Die Mitglieder dieser Gesell-

schaften sind also nach dem treffenden Ausdruck Capitants „êtres
fongibles"[11], austauschbar.

Wir haben als Beispiel für eine personalisierte Gesamtheit eine
Institution des Privatrechts herausgegriffen. Wir könnten das, was wir
gerade gesagt haben, für Gesamtheiten des öffentlichen Rechts wie den
Staat oder die Gemeinde wiederholen: dieselben Lösungen hinsichtlich
des Namens, des Sitzes, der Trennung der Vermögen, der Verantwortlichkeit, des Mehrheitsprinzips, der Fortdauer der Gruppe trotz Wechsel
der Personen.

Wir haben zwei extreme Gruppen untersucht: zum einen das Miteigentum, eine einfache Vereinigung von Individuen, und zum anderen
die Aktiengesellschaft und den Staat, deutlich personalisierte Gesamtheiten. Selbstverständlich gibt es zwischen diesen beiden Grenzfällen
eine ganze Reihe von Zwischengliedern, die sich ihrer Eigenart nach
mehr dem einen oder dem anderen Typ nähern. Es ist eines der
Anliegen der Geschichte der Handelsgesellschaft aufzuzeigen, wie
diese Institution sich unter dem Einfluß des modernen Kapitalismus
allmählich aus der alten römischen Gesellschaft, die noch auf den
intuitus personae gegründet war, herausgebildet hat, und wie sie mehr
und mehr zu einer Kapitalgesellschaft geworden ist, die auf dem Begriff
des Unternehmens beruht, was sie bis zu einem gewissen Grade den
Stiftungen annähert. Sowohl in unserem Privat- als auch in unserem
öffentlichen Recht gibt es eine ganze Reihe von Kollektivinstitutionen,
die vereinbarungsgemäß oder kraft Gesetzes Lösungen erlauben, die
sich bald von dem individuellen Willen eines jeden einzelnen Mitglieds beeinflussen lassen, bald ihn umgekehrt dem höheren Nutzen des
gemeinsam zu verwirklichenden Werkes unterordnen. Die Übergänge
sind hier außerordentlich fließend, und man kann über die obigen
hinaus kaum sauber getrennte Kategorien unterscheiden[12].

---

[11] *Capitant*, Introduction à l'étude du Droit civil, 5. Aufl., S. 208.

[12] Deshalb kann man auch nicht sagen, daß es ein echtes Kriterium gäbe,
auf Grund dessen man behaupten könnte, diese oder jene Gruppe besitze die
Persönlichkeit oder sie besitze sie nicht. Die Eigenschaften, die wir aufge-
zählt haben, sind genau genommen nur Anzeichen. Die Persönlichkeit ist
letzten Endes eine Erscheinung der Sozialpsychologie, die nach der Beobachtung von Emmanuel Lévy, auf welche man immer wieder zurückkommen
muß, auf den Überzeugungen der Gruppe beruht. Solche Gesamtheiten
wie ein Ministerium, das Parlament, die Gerichte, die Armee sind in den
Augen des Rechts deshalb keine Personen, weil sie nur als ein Rad im
Verwaltungsgetriebe angesehen werden. Aber sie können es gewesen sein
oder werden, wenn die Meinung aufkommt und sich aufdrängt, daß sie ihr
eigenes Leben führen und mit einem Minimum an Selbstbestimmung aus-
gestattet sind. Deshalb scheint es uns auch nicht möglich, daß es unter
den sogenannten „totalitären" Regimen, abgesehen vom Staate, echte juristische Personen oder auch nur echte Körperschaften gibt.

Was folgt aus alledem? Daß jede Gesamtheit sich in dem Maße ver-
selbständigt und in dem Maße Person wird, in dem ihre Bestandteile
aufhören, ihrer eigenen Zielsetzung zu gehorchen, um sich dem gemeinsamen Interesse unterzuordnen. Es muß also, damit eine Gesamtheit
in den Augen des Rechts eine Person werde, eine zugleich notwendige
und ausreichende Bedingung erfüllt sein: Sie darf nicht bloßer Tummel-
platz selbstsüchtiger Interessen jedes einzelnen Mitglieds bleiben,
sondern es muß sich in ihr der feste Wille, den Kollektivinteressen zu
dienen, herausbilden.

Die einfache Beobachtung der rechtlichen Erscheinungen hat uns das
Vorhandensein von Gruppen enthüllt, deren Existenz außerhalb und
über der der Individuen liegt, aus denen sie sich zusammensetzen.
Diese Tatsache war, wie wir gesehen haben, dem Scharfsinn der
römischen Rechtsgelehrten nicht entgangen. Ebenso betrachtete die
Rota von Genua im 16. Jahrhundert die Handelsgesellschaft als ein
corpus mysticum[13]. Aber die Frage, welches die Natur dieser Gesamtheiten sei und wie man sie deuten müsse, hat sich den Rechtstheoretikern
in Wahrheit erst zu Beginn des 19. Jahrhunderts gestellt.

Diese, von individualistischen Grundsätzen durchdrungen, wie sie der
klassischen Lehre zugrunde liegen, konnten sich nur schwer ein Rechtssubjekt vorstellen, das kein Individuum war. Angesichts der Schwierigkeit, die offensichtliche Existenz von Kollektivpersonen zu leugnen,
nahm die Rechtswissenschaft jener Zeit in ihrem Bemühen, eine Erklärung zu geben, Zuflucht zur sogenannten Fiktionstheorie. Die
Persönlichkeit — sagte man[14] — ist keine echte Eigenschaft gewisser
Gesamtheiten. Sie ist ihnen mit Rücksicht auf das Allgemeininteresse
vom Staate verliehen, der damit bestimmte Ergebnisse erreichen will,
die er für erwünscht hält. Die Kollektivpersönlichkeit hat keine Wirklichkeit. Sie ergibt sich aus gewissen Vergünstigungen, die ihr der
Gesetzgeber *utilitatis causa* zuerkennt.

Man hat gegen diese in Deutschland wie in Frankreich lange herrschende Lehre zahlreiche Einwände vorgebracht[15], von denen uns der
folgende der treffendste zu sein scheint[16]: Die Fiktionstheorie geht
davon aus, daß der Gesetzgeber es in der Hand habe, nach seinem
Belieben der einen oder anderen Gesamtheit die Vorteile, die sich an
die Rechtspersönlichkeit knüpfen, zuzugestehen oder zu verweigern.

---

[13] Rota von Genua, Entscheidung Nr. VII, 9, 10.

[14] So die von Savigny wenn auch nicht erdachte, so doch zumindest syste-
matisch dargestellte Theorie (System des heutigen Römischen Rechts, Bd. II,
S. 235 ff.), deren deutlichsten Ausdruck man bei Laurent, Traité de Droit civil,
Bd. I, S. 367, findet.

[15] Vgl. insbesondere *Michoud*, La personnalité morale, 2. Aufl., Bd. I, S. 18.

[16] *Capitant*, a.a.O., S. 201.

Die Beobachtung der Tatsachen widerlegt diese Behauptung aber.
Die Persönlichkeit wird nicht willkürlich zugeteilt. Sie eignet notwendig
und von selbst jeder Gesamtheit, sobald der Individualwille ihrer Mitglieder vor dem gemeinsamen Interesse der Gruppe verschwindet. Man
darf sich in dieser Beziehung nicht von Verwaltungspraktiken täuschen
lassen, die die Verleihung der Rechtspersönlichkeit von der Erfüllung
bestimmter Formalitäten abhängig machen. Wir haben gesehen, daß
das, worauf es ankommt, nicht so sehr die „Rechtspersönlichkeit" im
technischen Sinne des Wortes ist als die einer Gruppe zuerkannte
Fähigkeit, die gemeinsamen Interessen ihrer Mitglieder zu verteidigen
— und das wird ihr in vielen Fällen auch ohne Verleihung von seiten
des Staates zugestanden.

Die Fiktionstheorie muß also aufgegeben werden. Im Bewußtsein ihres
künstlichen Charakters, unfähig jedoch, eine andere Erklärung für die
Persönlichkeitsstruktur von Gesamtheiten zu finden, sind manche
Schriftsteller dazu übergegangen, wenn schon nicht gerade die Existenz
des Phänomens zu leugnen, so doch wenigstens seine Bedeutung her-
abzumindern. Indem sie jeden Gedanken an ein Personsein als willkürlich und falsch zurückweisen, soweit nicht ein Individuum in Frage
steht, haben sie versucht, die Erscheinungen von rein individualistischen Vorstellungen aus zu erklären. Man kann zwei Theorien unterscheiden, die von diesem Geiste beseelt sind.

Die erste ist der Meinung, man lege den Namen Kollektiv- oder
juristische Person zu Unrecht Institutionen bei, die in Wirklichkeit nur
kollektiv gebundene Vermögensmassen mit einer besonderen Zweck-
bestimmung seien[17]. Es handele sich also nicht um Personen, sondern
um Vermögen. Manche Autoren gehen sogar so weit, daß sie die
fraglichen Vermögen als herrenlose Vermögen ansehen. Man konnte
den Vertretern dieser ersten Theorie mühelos nachweisen, daß sie
die Erscheinung, die sie erklären wollten, völlig entstellten. Es heißt
den Begriff der Kollektivperson außerordentlich einengen, wenn man
in ihr nur ein Zweckvermögen sieht. Darüber hinaus ist diese Theorie
höchstens auf Vereine und Stiftungen anwendbar. Sie läßt außer
Betracht, was uns hier am meisten interessiert: die Gesamtheiten.

Ebenfalls auf die Verneinung jeder Kollektivpersönlichkeit läuft es
hinaus, wenn Autoren wie Duguit in der juristischen Welt nur menschliche Wesen kennen wollen, wie wir sie mit unseren Sinnen wahrnehmen, während alles übrige nur abstrakte Begriffe und Hirnge-
spinste seien[18]. Duguit unterscheidet bei der Anwendung dieser Theorie

---

[17] Das ist die Theorie vom Zweckvermögen, die mit dem Namen von
v. Brinz verknüpft ist.
[18] Die Widerlegung der Gedanken von Duguit in diesem Punkt erfolgte
in ausgezeichneter Art und Weise durch *Georges Davy*, besonders in der
Année sociologique, Bd. XII, S. 352 ff.

auf den Staat die Regierenden und die Regierten. Diese Betrachtungsweise, die vorgibt, auf Erfahrung und Tatsachen gegründet zu sein,
ist doch recht oberflächlich. Denn wie soll man die Regierenden von
den Regierten unterscheiden, und woher bekommen die ersteren ihre
Herrschaftsgewalt, wenn nicht aus der Überzeugung, die in ihnen zu
Recht oder zu Unrecht die Werkzeuge des Gemeininteresses sieht? Darüber hinaus muß hier einmal an das erinnert werden, was wir oben
über das Mehrheitsprinzip sagten, nämlich: Dieser Grundsatz bringt
es allein schon mit sich, daß nicht jeweils der Wille derselben physischen
Personen Gesetze schafft.

Die Verneinung der Wirklichkeit der Gesamtheiten führt zu absurden
Ergebnissen. Die Verfechter dieses Gedankens müßten daraus logischer-
weise nicht nur die Nichtexistenz der Kollektivwesen, sondern auch die
der Kollektivsachen schließen: Es gäbe keine Herden, sondern nur
Stücke Vieh, keine Bibliotheken, sondern nur Sammlungen von Büchern
usw. In einer einzigartigen Kehrtwendung bestreiten sie aus Nützlichkeitserwägungen nicht die Wirklichkeit dieser *universitates rerum*,
bei denen die Bestandteile nur in unserer Vorstellung im Ganzen auf-
gehen: sie leugnen sie aber für die *universitates personarum*, bei denen
das Phänomen der Kollektivpsychologie entsteht und — man könnte
sagen: objektiv — ein neues Wesen schafft.

In Wahrheit sind alle diese Theorien, die den Grundsatz aufstellen,
daß es keine anderen Rechtssubjekte gebe als das Individuum, unhaltbar. Es handelt sich um ein doktrinäres Vorurteil, das vor der un-
parteiischen Beobachtung der Tatsachen weichen muß. Wenn alles so
abläuft, wie wenn die Gesamtheiten Personen wären, dann eben
deshalb, weil sie wirklich Personen sind. Immer wenn die Gruppe
von einem wirklich mächtigen Gedanken oder Gefühl beseelt ist,
welches die zugehörigen Individuen über sich selbst hinaushebt, so daß
sie ihre Interessen den höheren der Gruppe unterordnen, entsteht ein
Kollektivwesen. So bringt die Untersuchung der Rechtstatsachen der
soziologischen Lehre eine mächtige Bestätigung und zugleich eine nicht
unwesentliche Verfeinerung. Aber zum gerechten Ausgleich dafür kann
der Jurist in den Grundsätzen der Soziologie das Hilfsmittel finden,
das er braucht, um sich ein für allemal von dem Vorurteil des Individualismus zu befreien und entschieden die Existenz von Kollektivpersonen zu bejahen.

IX. Gedanken über die Familie[1]

Das Centre d'Études Sociologiques, das alle zwei Jahre internationale
Kolloquien veranstaltet, hat sich in diesem Jahr die Untersuchung der

---

[1] Auszug aus der ‚Revue Socialiste‘, Juni 1954.

zeitgenössischen und besonders der französischen Familie zum Thema seiner Erörterungen gewählt. Der Gegenstand bietet ein beträchtliches Interesse, das ich nicht erst unterstreichen muß. Er ist dazu angetan, zahlreiche Gedanken wachzurufen.

Es ist sehr bemerkenswert, daß der Begriff der Familie, der so einfach scheint, der sich dem Verstand in so deutlichem Umriß darbietet, so schwer zu fassen ist, sobald man von ihm auch nur ein einigermaßen genaues Bild zeichnen will. Es ist seltsam: Die Familie ist keine juristische Institution; es gibt keine gesetzliche Begriffsbestimmung von ihr. Man sieht wohl im großen und ganzen, was sie offenbar ist: eine Gruppe von Personen, die untereinander durch Verwandtschaft, das heißt, durch gemeinsame Vorfahren verbunden sind; aber selbst in dieser allgemeinen Formulierung wäre die Definition doppelt falsch, denn zur Familie gehören Personen, die mit den anderen Mitgliedern kein Blutsband gemeinsam haben, z. B. die Ehefrau oder die Adoptivkinder, und auf der anderen Seite sind außerhalb der Ehe geborene Kinder, die sog. unehelichen Kinder, aus der Familie des Vaters, mit dem sie doch durch das engste Band verbunden sind, ausgeschlossen. Die Familie läßt sich also nicht entfernt in biologischen Begriffen definieren. Käme man weiter, wenn man sie durch ihre Funktion zu bestimmen suchte? Auch hier geriete man in große Unsicherheit. Man könnte nicht sagen, daß sie sich durch die Zeugung von Kindern auszeichne, denn selbst das unfruchtbare Ehepaar bildet zweifellos eine Familie. Vielleicht trifft es die Sache am besten, wenn man formuliert, die Familie habe eine gewisse Lebensgemeinschaft zum Inhalt; aber auch diese Umschreibung, so vage sie ist, entspricht noch immer bei weitem nicht in jedem Falle der Wirklichkeit. Ich werde darauf zurückkommen.

Verfolgt man in einem raschen Überblick die Entwicklung der Familie im Laufe der Geschichte, dann fällt einem Verschiedenes auf. Als erstes ist die Familiengruppe in ihrem Umfang, in ihrer Dichte allmählich geschrumpft. Ohne daß man bis zu den archaischen Clans und Stämmen zurückgehen müßte — noch die Familiengruppen der klassischen Antike wie die der Kelten, der Germanen, der Hebräer, der Slawen, der Chinesen usw. bestehen aus einer verhältnismäßig großen Zahl von Mitgliedern, die untereinander durch eine mehr oder weniger enge, aber wirksame Solidarität geeint sind. Im Mittelalter ist die Familie eine fest gefügte organische Einheit, wie es Einrichtungen wie die Privatkriege, das Einstandsrecht der Blutsverwandten oder der sociétés taisibles beweisen[2]. In alter Zeit ist die Verwandtschaft ein-

---

[2] Die sociétés (oder communautés) taisibles waren eine Art Familien- oder Hausgemeinschaft, die ohne Vereinbarung allein durch die Tatsache enger Lebensgemeinschaft nach Jahr und Tag zustande kamen. Vgl. Planiol,

seitig, und zwar von der Seite des Vaters oder der Mutter her. Heutzutage, wo sie gemischt ist, wo man also sowohl mit seinem Vater als auch mit seiner Mutter verwandt ist, hat sich indessen die *tatsächliche* Anzahl der Familienmitglieder beträchtlich vermindert. Sie beschränkt sich sehr oft auf das, was man die Kleinfamilie nennt, d. h. auf eine Gruppe, bestehend aus dem Ehemann, der Frau, eventuellen Kindern und Verwandten in aufsteigender Linie. Zweifellos muß man hier viele Vorbehalte anbringen: Die Zusammensetzung der jetzigen französischen Familie ist unterschiedlich je nach der Gegend, dem Wohnort (Stadt oder Land), dem Beruf, der gesellschaftlichen Schicht usw. usw. ... Dennoch kann man *grosso modo* sagen, daß die allgemeine Tendenz in Richtung auf eine Auflösung der Familie geht. Wenn man die Familie als eine Lebensgemeinschaft im weiteren Sinn bestimmt — sagen wir besser: eine Gemeinschaft im Denken und Fühlen —, dann erstreckt sie sich selten über Brüder und Schwestern hinaus. Hier ein Beleg: Zur Organisation der Vormundschaft gehört in Frankreich die Existenz eines Familienrates, bestehend aus den Verwandten des Minderjährigen. Man gibt nun einhellig zu, daß diese Einrichtung schlecht funktioniert und daß die Verwandten von einem bestimmten Grade ab sich im allgemeinen nicht für die Aufgabe interessieren, die das Gesetz ihnen auferlegt. Diese Feststellungen sind nicht ohne praktische Bedeutung. Der Code civil und die neueren Gesetze berufen die Verwandten bis zum sechsten Grade zur Erbfolge, d. h. bis zu den leiblichen Vettern. Das ist eine Regelung, die bei dem augenblicklichen Zustand unserer Gesellschaft durch nichts gerechtfertigt wird. Die Erbfolge beruht, sagt man uns, auf der vermuteten Zuneigung des Verstorbenen. Diese Zuneigung aber fehlt in den allermeisten Fällen. Die Sozialisten, die der Erbschaft zumindest in der Seitenlinie traditionell und aus Prinzip feindlich gegenüberstehen, können hier ein Argument finden, das ihre Stellung besonders stärkt.

Die Familie ist nicht nur hinsichtlich der Anzahl ihrer Mitglieder geschrumpft, sie hat auch ein Großteil ihrer früheren Funktionen verloren. Auch hier wird die Entwicklung deutlich, wenn man sich die Clans, die Stämme, die römischen *gentes*, die germanischen *Sippen* usw. vergegenwärtigt. Diese Gesamtheiten wiesen verschiedene Gestalten auf. Es waren Institutionen, die sowohl das öffentliche als auch das private Recht berührten. Sie hatten Aufgaben politischer, gerichtlicher, militärischer, religiöser und wirtschaftlicher Art, die ihnen erlaubten, ein weithin unabhängiges und abgesondertes Dasein zu führen: Es waren gewissermaßen Mikrokosmen. Ich will hier nicht zeigen — die Erscheinung ist wohlbekannt —, wie die Errichtung eines umfassenderen

---

Marcel, Traité élémentaire de Droit Civil, 2. Aufl., Bd. III, 1946, Nr. 230 (Anm. d. Übers.).

und stärkeren Organismus, der Stadt oder des Staates, diese Gesamt-
heiten zerbrach und sich selbst an ihre Stelle setzte, um die gemeinsamen
Aufgaben sicherzustellen, und wie es jenen nur die häuslichen Aufgaben
beließ, d. h. alles in allem das, was wir das Familienleben nennen, die
Einrichtung eines gemeinsamen Lebens und die Erziehung der Kinder.
Wenn man darüber einen Augenblick nachdenkt, dann gibt es nichts,
was überraschen könnte: Jedesmal, wenn eine Gruppe entsteht, die
Sekundärgruppen in sich schließt, entzieht sie jenen einen Teil ihrer
Kompetenzen, und im ganzen kann man sagen, daß hier ein Faktor des
Fortschritts liegt. Der Kampf des Staates gegen die Gruppen war ein
Freiheitskampf, ähnlich dem, den er gegen das Feudalwesen geführt
hat.

Kommen wir nach diesen allgemeinen Vorbemerkungen zum Kern
der Sache. Fragen wir unter Berücksichtigung der demographischen
Gegebenheiten und gegebenenfalls durch Vergleich mit den Nachbar-
ländern nach dem gegenwärtigen Zustand der französischen Familie.

Ich wiederhole noch einmal: Es ist sehr schwierig, von ihr ein ge-
treues Bild zu zeichnen, und zwar wegen der tiefgehenden Unterschiede,
die die Familie je nach Gegend, Lebensart und gesellschaftlicher Schicht
aufweist. Entgegen einer weit verbreiteten Ansicht ist Frankreich ein
Land von sehr großer Mannigfaltigkeit: Seine soziale Landschaft ist
genauso vielgestaltig wie sein Boden oder sein Klima. Der Versuch,
klare Umrisse zu zeichnen, ist deshalb ein wenig illusorisch. Alles, was
man tun kann, ist, allgemeine Eigenheiten hervorzuheben und Tendenzen aufzuzeigen.

Eine Erscheinung scheint mir augenblicklich die jüngste Entwicklung
der französischen Familie zu beherrschen: Die französische Familie
neigt dazu, immer mehr von ihrer Ordnung und ihrem hierarchischen
Aufbau zu verlieren und stattdessen eine Gruppe zu werden, die
mehr und mehr auf Gefühlen, auf gegenseitiger Zuneigung beruht. Man
könnte sagen, daß sie sich zur selben Zeit, zu der sie sozusagen
demokratischer wird, vermenschlicht.

Diese Tendenz äußert sich in allererster Linie in dem Platz, den das
Kind in der Familiengruppe einnimmt. Zweifellos hatte die Ehe, die
gesetzliche Grundlage der Familie, unter dem Einfluß christlicher An-
schauungen die Zeugung von Kindern zum Ziel. Zweifellos waren die
Beziehungen zwischen Eltern und Kindern auch zumeist von gegenseitiger zärtlicher Liebe geprägt. Was aber vorherrschte, war die
väterliche Autorität auf der einen, der kindliche Gehorsam auf der
anderen Seite, so daß man sagen kann, die Familie war nach monarchi-
schem Muster organisiert. Das ist derart richtig, daß unter dem Ancien
Régime Moralisten und Staatsmänner bis zum Überdruß wiederholten,

der Gehorsam der Kinder gegen ihre Eltern sei das Symbol und das Unterpfand des Gehorsams der Untertanen gegenüber dem Staat. Es überrascht nicht, daß der Geist der Revolution zu einer solchen Auffassung von der Familie im Widerspruch stand und daß er versuchte, die häusliche Gruppe mit seinen Gleichheitsgedanken zu durchdringen. In die väterliche Gewalt, besonders drückend im Süden Frankreichs — Mirabeau selbst war ihr Opfer geworden —, aber auch in den anderen Gebieten des Landes stark ausgeprägt, wurden Breschen geschlagen. In diesem Punkt wie in vielen anderen bedeutete der Code civil einen Rückschritt; die napoleonische Diktatur spiegelte sich in der wiederhergestellten Autorität des Familienvaters wider. Seit einiger Zeit wird sie erneut bekämpft. Ende des letzten Jahrhunderts verfügte ein Gesetz den Verlust der väterlichen Gewalt für den Fall, daß dem Vater schwere Mißbräuche vorgeworfen werden können. Dieses Gesetz wurde in der Folgezeit durch andere gesetzgeberische Maßnahmen ergänzt, so durch das Gesetz von 1912, welches die Überwachung straffälliger, in die Obhut ihrer Familie zurückgegebener Kinder regelt; die Gesetzesverordnung von 1935, welche die richterliche Kontrolle der väterlichen Gewalt einführt, und die Gesetze, die die böswillige Vernachlässigung der Unterhaltspflicht zum Delikt erheben. Mit Hilfe dieser verschiedenen Bestimmungen unternimmt der Gesetzgeber nichts anderes, als daß er die tatsächliche Revolution, die sich vor unseren Augen in den Beziehungen zwischen den Eltern und ihren Kindern vollzieht, auf juristisches Gebiet überträgt. Lange Zeit hat man gesagt — man sagt es auch jetzt noch manchmal, aber immer seltener —, daß das Kind (zu) seiner Familie gehöre, und diese Betrachtungsweise gestattete den Eltern eine ganz erhebliche Einmischung in alle entscheidenden Fragen seines Lebens, selbst und gerade in die Eheschließung, die insbesondere in bürgerlichem und ländlichem Milieu oft als eine Familienangelegenheit oder als eine Interessenübereinkunft angesehen wurde. Es ist noch nicht so lange her, daß die Einwilligung der Eltern sogar für die Heirat volljähriger Kinder erforderlich war. Sicher glaubte diese dauernde Einmischung der Eltern in das Leben ihrer Kinder eine Rechtfertigung in der Erfahrung und in dem Wunsch zu finden, von den jungen Leuten die Folgen unbedachter Handlungen abzuwenden. Oft wurde sie aber auch diktiert von Geldgier und Unwissenheit. Erst allmählich bildete sich der Gedanke heraus, daß nicht nur die Kinder nicht ihren Eltern gehören, sondern daß umgekehrt die Eltern ihren Kindern gehören — worunter wir verstehen wollen, daß jene, indem sie sie zur Welt brachten, ihnen gegenüber eine Verpflichtung eingingen: ihnen die Bedingungen zu schaffen, unter denen sie dem Leben und seinen Gefahren am besten begegnen können, weiter die, ihre knospende Persönlichkeit zu achten und nicht zu unterdrücken. Von hier aus entstand eine neue Auffassung über die Beziehungen zwischen zwei aufeinanderfolgenden Generationen, gegründet nicht mehr auf der Furcht, sondern auf gegenseitigem Vertrauen und gegenseitiger Zuneigung.

Unter diesem Gesichtspunkt muß man auch jene Bewegung verstehen, die in unserem wie in anderen Ländern immer mehr an Boden gewinnt: die Geburtenkontrolle. Das wachsende Gefühl der Verantwortlichkeit der Eltern gegenüber ihren Kindern veranlaßt sie und wird sie zweifellos immer mehr dazu veranlassen, nur dann Kinder in die Welt zu setzen, wenn und soweit sie in der Lage sind, ihnen angemessene Lebensbedingungen zu gewährleisten. Abgesehen von einigen, insbesondere katholischen, Kreisen wird der Kinderreichtum der Familien nicht mehr als ein Gut an sich betrachtet, und der Bettler, der seiner Frau im Rausch ein Kind zeugt und damit fast unvermeidlich ein menschliches Wesen dem Elend preisgibt, ist eher Gegenstand des Tadels als des Lobes.

Während die Pflichten der Eltern gegenüber ihren Kindern gewachsen sind, haben sich ihre Rechte vermindert. Ich sprach weiter oben von dem allmählichen Fortfall der Zustimmung der Eltern zu der Eheschließung. Mindestens ebenso bedeutend erscheinen ihre Vorrechte in bezug auf die Ausbildung der Kinder. Hier bricht der Konflikt zwischen der häuslichen Gruppe und dem Staat in seiner ganzen Schwere aus. Die erstere ist eifersüchtig darauf bedacht, das Kind in ihrem Einflußbereich zu behalten, während der Staat, vor allem um die Persönlichkeit des Kindes besorgt, glaubt, er vernachlässige seine Pflicht, wenn er ihm nicht alle notwendigen Voraussetzungen für eine harmonische und vollständige Entwicklung der körperlichen und geistigen Fähigkeiten zur Verfügung stelle. Es ist völlig normal, daß die Familien, die „Schülereltern", beim Unterricht der Kinder ein Wort mitzureden haben und daß sie darüber eine gewisse Kontrolle ausüben. Es ist aber auch billig und recht, daß die Kinder im Familienkreis die Überlieferungen finden können, die ihre Eltern ihnen mitgeben wollen. Unerläßlich ist allerdings, daß die Kinder nicht der Willkür mitunter unwissender und eigensüchtiger Eltern ausgeliefert werden und daß sie alles das kennenlernen, was sie in der modernen Welt wissen müssen. Auch hier hat sich mit vollem Recht die nationale Gesamtheit an die Stelle einer engeren und mitunter egoistischen Gesamtheit gesetzt. Die Gesetze von Jules Ferry, die den weltlichen obligatorischen Unterricht einführen, sind ein entscheidender Schritt auf dem Weg zur Befreiung des Kindes aus den familiären Banden.

Man könnte auf Grund gewisser Anzeichen versucht sein zu glauben, daß der Graben, der die Generationen voneinander trennt, so tief ist wie niemals zuvor und daß wir wieder zu den Altersklassen zurückgekehrt sind, wie man sie in den primitiven Gesellschaften beobachtet. Sieht man die jungen Leute nicht immer mehr untereinander leben, ihre Mußestunden ohne ihre Eltern in Ferienkolonien verbringen, in Pfadfinderorganisationen oder auf Gruppenreisen? Haben sie nicht ihre Vergnügungen, ihre Zeitungen, ihre Sport- und politischen Gruppen? Die Mutter begleitet ihre Tochter nicht mehr zum Ball: die Tochter geht zusammen mit jungen Leuten ihres Alters hin.

Manche mißbilligen diese Veränderungen, die sich seit kaum einigen Jahrzehnten unvermittelt in unseren Sitten vollzogen haben. Sie glauben, die familiären Bindungen würden dadurch zerstört. Ich verkenne die Gefahr nicht, aber ich halte es für normal, wenn junge Leute es vorziehen, mit jungen Leuten zusammenzuleben. Das wird verständige Eltern, die das Vertrauen ihrer Kinder zu erringen gewußt haben, nicht hindern, ihnen mit Nutzen aus ihren Erfahrungen mitzuteilen und ihnen gegebenenfalls Ratschläge zu geben, die um so bereitwilliger aufgenommen und befolgt werden, als hinter ihnen kein Zwang steht.

Dieser Emanzipation des Kindes entspricht die Emanzipation der verheirateten Frau. Die eheherrliche Autorität bröckelt ebenso ab wie die väterliche Autorität. Solange die Familie von dem Grundsatz der Autorität beherrscht war, war der Ehemann das Haupt der häuslichen Gruppe, und die Frau hatte eine untergeordnete Stellung in der Familie. Sie war je nach der Epoche mehr oder weniger vollständig in ihrer Geschäftsfähigkeit beschränkt, aber beschränkt war sie immer. Jedermann weiß, in welchem Umfang die verheirateten Frauen unter dem Einfluß der wirtschaftlichen Umwälzung in der modernen Welt und der durch den Krieg hervorgerufenen Lage eine völlig neue Rolle übernehmen mußten und daß sie gezwungen waren, dieselbe Verantwortung wie die Männer zu tragen. Praktisch haben sie Zugang zu allen Berufen. Seitdem konnte man sie nicht mehr zu Minderberechtigten an ihrem Herd herabwürdigen. Verschiedene gesetzgeberische Maßnahmen haben mehr oder weniger zaghaft auf dem Gebiete des Rechts diese Entwicklung in den Sitten bestätigt. Ich erinnere nur an das Gesetz von 1907, das der verheirateten Frau erlaubt, frei über ihr Berufseinkommen zu verfügen, an die Gesetze von 1938 und 1942, die theoretisch mit der Beschränkung der Geschäftsfähigkeit Schluß gemacht haben, obwohl sie dem Mann weiterhin die Funktion als Haupt der Familie zuerkennen. Im übrigen nützt die 1884 von der französischen Gesetzgebung wiedereingeführte Scheidung, wenn sie auch beiden Gatten dient, hauptsächlich der Frau, der sie nach einer ersten unglücklichen Ehe gestattet, ihr Leben unter ehrenhaften Bedingungen neu zu gestalten. Wenn die Scheidung auch nicht zu leichtfertig ausgesprochen werden darf, das Fehlen der Scheidungsmöglichkeit würde eine große Anzahl junger Wesen einem unglücklichen und hoffnungslosen Leben preisgeben.

In einer normalen Ehe lebt die Frau, Gefährtin und Vertraute ihres
Mannes, mit ihm auf der Ebene der Gleichheit, und diese Gleichheit,
die in die Sitten eingegangen ist, hat das Recht, wie wir gesehen haben,
langsam bestätigt, wenn damit auch noch nicht die letzte Spur des hart-
näckigen Vorurteils von der Überlegenheit des Mannes getilgt ist.
Immerhin setzt sich der Gedanke mehr und mehr durch, daß die Gattin
voll und ganz zur Familie gehört, und ein in Vorbereitung befindlicher
Gesetzentwurf gibt der Witwe im Erbfall dieselben Rechte wie dem
ehelichen Kind.

Wenn es stimmt, daß das Gefühl der Zuneigung nunmehr das Binde-
mittel der Familiengruppe ist — oder dabei ist, es zu werden —, dann
wird die Familie sich bald weniger aus denen zusammensetzen, die
harte und abstrakte juristische Normen uns mehr oder weniger nahe
Verwandte nennen lassen, als aus jenen, mit denen wir enge Beziehungen unterhalten oder mit denen wir durch ein dauerhaftes körper-
liches oder moralisches Band verbunden sind. Das ist der wahre Grund
dafür, warum man mehr und mehr die Verwandtschaft der leiblichen
Eltern mit dem unehelichen Kinde anerkennt und warum man der
Geliebten in vielen Fällen dieselben Rechte wie der rechtmäßigen
Ehefrau gibt. Derartige gesetzliche oder verordnungsmäßige Bestimmungen passen sicher nicht in den Rahmen des klassischen Bildes von
der auf der Ehe beruhenden Familie, und manche haben gefürchtet,
daß sie eine zügellose sexuelle Freiheit begünstigten. Die Erfahrung
scheint bewiesen zu haben, daß diese Befürchtungen unbegründet
waren, denn die Zahl der unehelichen Kinder bleibt zumindest in der
Pariser Gegend seit mehreren Jahren konstant. Die Zahl der Onkel-
ehen zeigt keine zunehmende Tendenz. Richtig ist, daß der Graben,
besser der Abgrund, der zwischen der gesetzlichen und der außergesetz-
lichen Verbindung bestand, langsam zugeschüttet wird, aber man muß
zugeben, daß das nur recht und billig ist, denn die frühere Auffassung
führte zu wahrhaft unmenschlichen Lösungen und traf schonungslos
auch Unschuldige. Die neue Familiengruppe, die ihre Grundlage in
der Lebensgemeinschaft und der gegenseitigen Zuneigung findet, erkennt juristischen und religiösen Unterschieden notwendigerweise
geringere Tragweite zu, ohne jedoch ihre Bedeutung zu bestreiten.

In dieselbe Gedankenreihe gehört das Wiederaufleben der Adoption,
das heißt der künstlichen Elternschaft. Hier gibt es keinen Konflikt
mehr zwischen Recht und Leben, seit der Gesetzgeber 1923 und 1939
die Eingliederung minderjähriger, zumeist elternloser oder verstoßener
Kinder erleichtert hat. In der allergrößten Mehrzahl der Fälle geht die
Adoption auf ein unbefriedigtes Zärtlichkeitsbedürfnis der Adoptiv-
eltern zurück, und die Kinder finden in dem neuen Heim die moralische
und materielle Hilfe, die ihnen bis dahin gefehlt hat. Die Adoption

paßt also völlig in den Rahmen der neuen Familie, jener zugleich auf Gleichheit und gefühlsmäßige Bindung ausgerichteten Familie, deren Umrisse sich abzuzeichnen beginnen.

Man könnte endlos über einen derart umfangreichen Gegenstand reden. Mit diesen kurzen Bemerkungen wollte ich hauptsächlich die Aufmerksamkeit des Lesers auf Probleme richten, die jeden einzelnen von uns angehen, die man aber gewöhnlich mit Gemeinplätzen und nichtssagenden Formeln abzutun pflegt. Ich habe in groben Umrissen eine Entwicklung aufgezeigt, die sich vor unseren Augen mit Windeseile vollzieht. Ich hätte mich aber schlecht ausgedrückt, wenn man aus diesen paar Seiten den Schluß zöge, die Familie sei eine zu raschem Untergang verurteilte Institution. Das ist sicher nicht ausgeschlossen, aber ich glaube eher, daß die Familie sich in dem angedeuteten Sinne wandeln und derart weiterbestehen wird. Eine Familienstruktur ist überholt: die um ihr Haupt gescharte patriarchalische und autoritäre Familie. Aber nichts hindert daran zu glauben, daß eine geschmeidigere und menschlichere Familiengruppe, die sich zum Ziel setzt, nicht zu kommandieren, sondern jedem einzelnen ihrer Mitglieder die Prüfungen des Lebens möglichst zu erleichtern, noch lange Zeit ihre Rolle zu spielen haben wird. Die Kriminalisten wissen das wohl, wenn sie feststellen, wie sehr der familiäre Rahmen eine Schranke gegen antisoziale Regungen bietet. Angepaßt an die Bedürfnisse und Gefühle unserer Zeit, befreit von jedem Gedanken an Unterdrückung und von jeder übermäßigen Rechthaberei, stattdessen aufgeschlossen für die Anliegen der jungen Generation, kann und muß die Familie eine sozial wohltätige Rolle spielen, die sie allein auszufüllen in der Lage ist.

X. Der Kampf gegen das Verbrechen[1]

Seit mehreren Jahren ist die Kriminologie in Mode. Die außerordentliche Beliebtheit von Kriminalromanen, der — übermäßige — Raum, den in den Zeitungen die Beschreibung von Verbrechen einnimmt, sind ein sicheres Indiz dafür. Vielleicht ist es deshalb nicht unnütz, die jüngsten Wandlungen aufzuzeigen, die sich auf dem Gebiet der Kriminologie ereignet haben.

Das Verbrechen ist wie die Krankheit eine zugleich normale und anomale Erscheinung. Genauso wie es in jeder größeren Menschenmenge Kranke gibt, so gibt es auch Kriminelle. Die Frage, ob man sich eine Gesellschaft ohne Verbrechen vorstellen kann, ist rein theoretischer Natur; ich will ihr hier nicht nachgehen. Es genügt die Feststellung,

---

[1] Auszug aus der ‚Revue Socialiste‘, Februar 1954.

daß jede Nation, so wie die Dinge jetzt liegen, eine recht beträchtliche Anzahl von Verbrechen aufweist, deren Prozentsatz im Verhältnis zur Gesamtbevölkerung im übrigen von einem Jahr zum anderen nur geringfügig schwankt.

Schon immer haben die Menschen gegen das Verbrechen gekämpft. Sie sind, je nach der Epoche und dem Charakter des betreffenden Volkes, mit größerer oder geringerer Härte gegen die Handlungen vorgegangen, die im Widerspruch standen zu ihren Gefühlen, Überzeugungen und Hauptinteressen. Die Strafarten sind sehr zahlreich, unerbittlich streng bei den alten Völkern, heutzutage dafür um so milder; ja man hat nicht ohne eine gewisse Übertreibung sagen können, die Geschichte der Strafe sei eine dauernde Abschaffung.

Richtiger ist, daß die Strafe ihren Charakter verändert hat. Sie unterliegt selbst heute unter unseren Augen noch einer tiefgreifenden Umgestaltung. Jahrhundertelang wurde sie vor allem als eine Züchtigung, als eine Sühne betrachtet. Der Verbrecher hat seine Pflichten gegenüber der Gesellschaft nicht erfüllt, er hat ihren wichtigsten Geboten zuwidergehandelt: Folglich muß er bestraft werden, an seinem Körper leiden oder an seinem Vermögen oder an seiner Ehre. Die Gesellschaft ist seine Gläubigerin geworden: Indem er die Strafe auf sich nimmt, bezahlt er seine Schuld. Im übrigen spräche es der einfachsten Moral Hohn, wenn ein Individuum ungestraft Handlungen begehen dürfte, die seinem Nächsten oder der Gesamtheit schaden. Das Gleichgewicht, durch eine Missetat gestört, kann nur durch die Zufügung einer Strafe wiederhergestellt werden. Jedes Delikt muß bestraft werden.

Diese einfache und scheinbar logische Auffassung von der Strafverfolgung läßt sich nicht bis zu ihren letzten Konsequenzen durchführen, und sie erlitt schon in frühester Zeit Ausnahmen. Schon ziemlich früh nahm man an, daß ein Delikt nur dann strafbar sein dürfe, wenn es in Schädigungsabsicht begangen sei; dies schloß Kinder wie Geisteskranke von der Strafverfolgung aus. Zugleich führte man damit einen neuen, sehr wichtigen Gedanken ein, den der Verantwortlichkeit.

Es ist hier nicht der Ort für Ausführungen über die Frage, wie diese Verantwortlichkeit bestimmt worden ist. Es genügt festzustellen, daß sie eine erste sehr bedeutende Einschränkung der gefühlsmäßigen Reaktion auf die Begehung einer strafbaren Handlung bedeutete. Nichtdestoweniger blieb die Hauptfunktion der Strafe, den Täter das Übel, das er angerichtet hatte, sühnen zu lassen. Man kann sagen, daß diese Auffassung von der Strafe im großen und ganzen die herrschende Auffassung bis zum Ende des 19. Jahrhunderts war. Man kann sie die klassische Theorie nennen.

Ihr stellt die positivistische Schule, deren berühmtester Vertreter der Italiener Enrico Ferri ist, eine andere entgegen, die von einem diametral entgegengesetzten Standpunkt ausgeht. Diese Schule richtet ihr Augenmerk nicht auf den Verbrecher, sondern auf die Gesellschaft. Ihr scheint es zu oberflächlich und in der größten Zahl der Fälle sogar falsch anzunehmen, der Täter habe sich aus freien Stücken gegen die Gesellschaft gewandt, um seine Tat zu begehen. Zumeist ist diese Freiheit illusorisch, und es sind die Bedingungen, unter denen er gelebt hat, die ihn zum Verbrechen getrieben haben. Diese Umwelt hat er sich sehr häufig nicht ausgesucht und nicht aussuchen können: Er ist in sie hineingestellt worden. Daraus folgt, daß die Gesellschaft kein Recht hat, sich dem Verbrecher gegenüber wie ein unerbittlicher Gläubiger aufzuführen, der von seinem Schuldner, einem seinesgleichen, die Bezahlung der Rechnung verlangt. Sie ist in weitem Maße selbst für die verbrecherische Tat verantwortlich.

Indem die positivistische Schule die ursprüngliche Bedeutung dieser gesellschaftlichen Verbrechensfaktoren feststellte, kam sie zu der Überzeugung, daß man die Kriminalpolitik in eine neue Richtung lenken müsse und daß eine Verbesserung der Lebensbedingungen, der Kampf gegen Elendswohnungen und Armut viel wirksamer gegen das Verbrechen seien als das Schafott oder das Gefängnis. Kein Sozialist wird das bestreiten. Im übrigen war Ferri Sozialist. Unglücklicherweise mußte er sich später Mussolini anschließen.

In der eben angedeuteten Richtung liegt auch die jüngste kriminologische Schule, die sich den Namen „Gesellschaftsschutz" (Défense sociale) gegeben hat. Dieser Name ist aufschlußreich. Er zeigt an, daß ihre Hauptsorge im Kampf gegen das Verbrechen nicht der Bestrafung des Täters gilt, sondern dem Schutz der Gesellschaft und ihrer Mitglieder. Der Gedanke des Gesellschaftsschutzes im weiteren Sinne geht übrigens über das Gebiet der Kriminalität hinaus. Er umfaßt den Schutz der Gruppe gegen alle Gefahren, die sie treffen können. Sieht man einmal von Kriegsgefahren ab, so könnte man unter Gesellschaftsschutz auch den Kampf gegen schwere Krankheiten verstehen. Es ist keine Frage, daß, wie man gesagt hat[2], der Kranke, der unter einer offenen Tuberkulose leidet und der auf der Straße seinen bazillenträchtigen Husten verbreitet, eine mindestens ebenso schwerwiegende Gefahr bildet wie der aus dem Gleichgewicht Gekommene, der über ein Verbrechen nachsinnt, das er vielleicht begehen wird. In diesem

---

[2] *Bernat de Cèlis* (Jacqueline), Les Mesures de défense sociale en Espagne, Jur. Diss., Paris 1952 (maschinengeschrieben), S. 15. Vgl. *Ancel*, „Les doctrines nouvelles de la défense sociale", in: Revue de droit pénal et de criminologie, octobre 1951. Von demselben „Les droits de l'homme et la défense sociale", in: Revue internationale de droit pénal, 1950.

Sinne ist die Gesetzgebung über das Gesundheitswesen sicher eine Gesetzgebung zum Schutze der Gesellschaft.

Beschränken wir uns aber auf das Gebiet des Strafrechts, so müssen wir uns über die Änderungen klarwerden, die diese neue Auffassung mit sich bringt. Nach ihr ist von jetzt an nicht mehr der Täter der Angelpunkt der Kriminalpolitik, sondern die Gesellschaft. Es geht weniger darum zu strafen als vorzubeugen, strafbare Handlungen nach Möglichkeit auszurotten oder zumindest selten zu machen. Das betonen mit Nachdruck die Verfasser des Strafgesetzbuches von Cuba, das am 10. Februar 1936 verkündet wurde und das von ihnen „Gesetz zum Schutz der Gesellschaft" genannt wird. „Diese Bezeichnung muß von nun an den Ausdruck Strafgesetzbuch ersetzen ... Es handelt sich nicht mehr um ein Gesetz über Strafen, geschrieben, um den Täter sühnen zu lassen, indem man ihm Leid zufügt ... Das neue Gesetzbuch ist geprägt von dem völlig andersartigen Grundsatz des Schutzes der Gesellschaft gegen das Verbrechen. Man trachtet nicht nach der Sühne des Täters, man trachtet nach dem Schutz der Gesellschaft, der Umerziehung und Wiedereingliederung des Schuldigen sowie nach der Entschädigung der Opfer des Verbrechens. Die Sühnestrafe des primitiven Rechts wird in unserem Entwurf ersetzt durch die Strafbehandlung oder Sanktion, wie man heute genauer sagt. Jegliche frühere Vorstellung von Schmerz- oder Strafvergeltung wird durch die neue wissenschaftliche Richtung des Kriminalrechts abgelöst. Angesichts dieser grundlegenden Erwägungen erschien die alte Bezeichnung nicht mehr als angemessen."

Von diesen Grundsätzen aus erfordert der Kampf gegen die Kriminalität notwendigerweise sowohl Präventiv- als auch Repressivmaßnahmen. Beginnen wir mit den letzteren.

Wenn man die Gedanken, auf denen der „Gesellschaftsschutz" beruht, bis zu ihren letzten Konsequenzen verfolgt, dann darf der Verbrecher nur in dem Maße einer in Körper oder Ehre eingreifenden Behandlung unterworfen werden, als es notwendig ist, um die abzuschrecken, die in Versuchung sind, ähnliche Taten zu begehen.

Man müßte also selbst schwere Verbrechen ungestraft lassen, wenn sie auf Grund ihrer besonderen Eigenart nicht wiederholt werden können. Darüber hinaus hätte bei vorzugsweiser Berücksichtigung des gesellschaftlichen Interesses der Vergeltungsgedanke dem Erziehungsgedanken zu weichen, und man müßte den Täter weniger bestrafen als versuchen, ihn wiederzugewinnen und ihn wieder an eine normale Tätigkeit zu gewöhnen. Kurz, die jetzt schon für den straffälligen Jugendlichen geltenden Maßnahmen wären auf Erwachsene auszudehnen. In Wirklichkeit kann man hier aber nur von einem „Trend" sprechen. Selbst die fortschrittlichsten Strafgesetzgebungen gehen nicht so weit, daß sie unter allen Umständen auf den Begriff der Bestrafung verzichten. Es gibt Fälle, in denen der freie, böse Wille des Verbrechers unleugbar ist und sich auf keine Entschuldigung berufen kann. Hier wäre es unerträglich, wenn man ihn nicht bestrafen würde. Aber das ist eine Frage des Einzelfalls, deren Lösung in jener „Individualisierung der Strafe" gesucht werden muß, die Raymond Saleilles schon 1898 gefordert hat.

Sehr viel heiklere Probleme werden durch den Begriff „Gesellschaftsschutz" hervorgerufen, soweit es sich nicht erst um die Ahndung begangener Straftaten handelt, sondern darum, vorbeugende Maßnahmen zu ergreifen, „vordeliktischen" Tätigkeiten entgegenzutreten. Selbstverständlich schließt der Schutz der Gesellschaft — wie ich weiter oben gesagt habe — wesentlich das Recht oder die Pflicht für die Gesellschaft ein, sich gegen eine drohende Gefahr zu wappnen, bevor sie überhaupt entsteht. Man muß also bestimmte Individuen, von denen man mit guten Gründen annehmen kann, daß sie Übeltäter sind, daran hindern, Schaden zu stiften. Um uns einer etwas schulmeisterlichen Ausdrucksweise zu bedienen: Menschen, die eine gewisse „Gefährlichkeit" oder „Temibilität" an den Tag legen. Man sagt auch, daß sie eine „Gefahr" bilden, die es abzuwenden gilt. Aber hier stößt man auf zwei große Hindernisse.

Das erste ist der Grundsatz, daß das Recht nur Handlungen und keine Absichten bestrafen darf. Ein außerordentlich heilsamer Grundsatz, ein unerläßlicher Schutz aller Bürger gegen die Unterdrückung. Es wäre für ein tyrannisches Regime zu leicht, sich unter dem Scheine des Rechts aller seiner Gegner zu entledigen, indem es ihnen mehr oder weniger willkürlich kriminelle Absichten unterstellte. Aber selbst außerhalb des politischen Bereichs ist die kriminelle Absicht, wenn sie, sei es wegen eines hinderlichen äußeren Umstandes, sei es auf Grund eines Gegenantriebs, wirkungslos bleibt, nicht strafbar, und sie darf es nicht sein. Ist es nicht außerordentlich gefährlich, der richterlichen Gewalt zu erlauben, daß sie sich der freien Entfaltung von Individuen entgegenstellt, die weder ein Verbrechen noch sonst eine Straftat begangen haben? Kommt man auf diese Weise nicht zu einem System von Spitzeln und Denunzianten, bei dem die allgemeine Sicherheit weit mehr gefährdet ist als durch die Begehung strafbarer Handlungen, einfach weil ein jeder zum Opfer werden kann?

Das führt uns dazu, den zweiten Einwand zu prüfen, ob es möglich ist, den Grad der Gefährlichkeit oder der „Temibilität" einer Person zu schätzen oder zu messen.

Man braucht selbstverständlich Kriterien. Man kann nicht einfach, wie das vorgeschlagen worden ist, dem Richter die Bürde der Entschei-

dung übertragen. Damit würde man der richterlichen Gewalt eine
übermäßige, willkürähnliche Macht einräumen. Der Richter darf nur
auf Grund fest umrissener objektiver Anhaltspunkte verurteilen, die
es ihm erlauben, das betreffende Individuum in die Kategorie der
Verdächtigen einzureihen. Man sieht mit aller Deutlichkeit, daß der
erste Einwand einen Teil seines Gewichts verliert, sofern diese Anzeichen nur schwerwiegend und eindeutig sind, denn nun stehen nicht
mehr bloße „Absichten" oder „Neigungen" in Frage, sondern wirkliche
Handlungen, deren Gesamtheit ein Delikt im eigentlichen Sinne des
Wortes darstellen kann oder sogar muß. Aber man kann in dieser
Hinsicht nicht wachsam genug sein. Gibt man sich mit allgemeinen
oder unbestimmten Kriterien zufrieden, dann schafft man sich ein für
die Freiheit äußerst gefährliches Strafrechtssystem.

Das spanische Gesetz zum Schutze der Gesellschaft vom 4. August
1933, unter der Republik erlassen und zum allergrößten Teil Werk
eines Sozialisten, Jiménez de Asuas, hätte bis zu einem bestimmten
Grade diesen Anforderungen genügt, wenn es nicht in der Folgezeit
Zusätze in faschistischem Geist erhalten hätte. Der Entwurf von Asuas
mit seinen genauen Bestimmungen ließ der Willkür der Regierung
keinen Raum. Die Kriterien der Gefährlichkeit, die nicht im Gesetz
festgehalten wurden, waren hauptsächlich die folgenden: der gewohnheitsmäßige Müßiggang, die berufsmäßige Bettelei, die Verheimlichung
des Namens und des Wohnsitzes, der häufige Umgang mit Verbrechern
oder Landstreichern usw. Die Sicherungsmaßnahmen, die daraufhin
verhängt werden konnten, waren unterschiedlich je nach Art des Ver-
dachts; sie bestanden aber zumeist in einem Aufenthaltsverbot oder
umgekehrt in der Auflage, in einem bestimmten Umkreis Wohnsitz zu
nehmen, oder in einer zeitlich befristeten Einweisung in ein Arbeits-
haus oder in eine landwirtschaftliche Kolonie

Was soll man von diesen neuen Tendenzen der Strafgesetzgebung
halten? Sie zeigen gute Seiten, weisen aber auch beunruhigende Züge
auf. Zweifellos kann man sich dazu beglückwünschen, daß man sieht,
wie das gesellschaftliche Interesse an die erste Stelle rückt und wie
vorbeugende Maßnahmen zu einem beträchtlichen Teil Maßnahmen
der Ahndung ablösen; aber gerade bei der Anwendung vorbeugender
Maßnahmen kann man gar nicht vorsichtig genug sein. Um genau zu
sagen, was ich denke: ich glaube, daß ein System, das es erlaubt, Menschen einer polizeilichen Überwachung zu unterwerfen, bevor sie eine
strafbare Handlung begangen haben, eine schwere Gefahr für eine
Demokratie bildet. Man kann noch so sehr die Vermutungen im Gesetz
im einzelnen aufzählen, deren Zusammentreffen es gestattet, jemanden
als gefährlich zu betrachten: Wenn ihre Lebensweise nicht unter Sinn

und Zweck des Gesetzes fällt, dann haben die betreffenden Personen das Recht auf freie Entfaltung ihres Tätigkeitsdrangs, wäre dieser auch anomal.

Man versteht, daß die Gesellschaft sich gegen das Verbrechen wehren will, und es ist nicht schlecht, daß sie sich mehr und mehr der Gefahren bewußt wird, die ihr drohen. Es ist auch gut, wenn sie weiß, daß die Verbrechen im großen und ganzen gesellschaftlichen Ursprungs sind. Aber auch das Heilmittel muß gesellschaftlicher Natur sein. Der wahre Gesellschaftsschutz darf weniger in ärgerniserregenden polizeilichen Maßnahmen bestehen, die geeignet sind, den anständigsten Menschen zu beunruhigen, und die unter dem Vorwand der Sicherung tatsächlich die Sicherheit aller beeinträchtigen, als in der Änderung eines gesellschaftlichen Systems, das zu viele menschliche Wesen unter unsicheren materiellen und moralischen Bedingungen leben läßt. Der Kampf gegen die Not und die Elendsquartiere, der Zugang aller zu Wohlstand und Kultur, zur Sicherung der Zukunft durch Versicherung gegen alle Schicksalsschläge, die sie treffen können, die Abschaffung der Ungleichheit zwischen den gesellschaftlichen Klassen, das sind die wahren Heilmittel gegen das Verbrechen, das ist die einzige tatsächlich wirksame Verbrechensvorbeugung.

XI. Die „Einheitspartei"[1]

Eine eigenartige Benennung, die in sich selbst einen Widerspruch enthält. Das Wort Partei (von pars — Teil) begreift eine Mehrheit mit ein. Man kann nicht zur selben Zeit ein Teil (oder eine Partei) und das Ganze sein, ein Bruchteil und die Gesamtheit ... Wie man sich auch eine Partei vorstellt, sie kann nur ein Bruchteil des sozialen Verbandes sein, der im Gegensatz zu anderen Teilen steht. Wenn man etwas anderes sagen will, muß man die Bezeichnung ändern.

Soll man sagen: eine bloße Frage der Terminologie? Ich glaube nicht. Die Einheitspartei kann nicht dasselbe Wesen haben, nicht dieselben Funktionen wahrnehmen wie die verschieden zahlreichen Parteien, die einander in politischen Systemen unterschiedlichster Art gegenüberstehen.

Was sind in diesen Ländern die politischen Parteien? Eine Definition ist schwierig. In dem dicken — übrigens bemerkenswerten — Buch, das Duverger gerade unter diesem Titel veröffentlicht hat[2], wird man ver-

---

[1] Auszug aus der ‚Revue Internationale d'Histoire politique et constitutionelle', 1952.

geblich nach einer wirklich treffenden Bestimmung der Institution, die
er untersucht, Ausschau halten: Das rührt daher, daß sie mehr als
andere vielgestaltig und schwankend ist. Die beste Definition ist vielleicht die, die Benjamin Constant 1816 gegeben hat, gerade zu dem
Zeitpunkt also, als in Frankreich die ersten politischen Parteien im
eigentlichen Sinne des Wortes auftauchten: „Vereinigung von Menschen,
die sich zur selben politischen Doktrin bekennen." Man findet hier
tatsächlich die drei wesentlichen Merkmale: den Gedanken der Grup-
pierung, den Gedanken einer gemeinsamen Doktrin und den politischen
Charakter dieser Doktrin. Wir werden später sehen, daß sie dennoch
eine große Lücke aufweist.

Man könnte versucht sein zu glauben, daß die Partei Ausdruck einer
sozialen Klasse und deshalb wenigstens in ihrem inneren Gefüge eine
eher wirtschaftliche als doktrinäre Institution sei. So denken in der Tat
die Marxisten. Die nähere Beobachtung rechtfertigt diese Ansicht nicht
ganz. In vielen Ländern bestehen die politischen Parteien nicht aus
Personen, die zur selben sozialen Klasse gehören und dieselben wirtschaftlichen Interessen zu verteidigen haben. Dieser Gesichtspunkt ist
bei einigen Parteien stärker ausgeprägt, bei anderen erheblich weniger.
Während beispielsweise die kommunistische Partei in sehr weitem
Maße eine Klassenpartei ist (hinsichtlich ihrer ländlichen Elemente
könnte man darüber streiten), scharen sich die Volksrepublikaner um
eine religiöse Doktrin und gehören sehr verschiedenen Schichten der
Bevölkerung an. Dasselbe gilt in Belgien für die christlich-soziale
Partei. Hätten die Parteien eine wesentlich wirtschaftliche Struktur,
dann wären sie nicht mehr von den Gewerkschaften und den Berufsgruppen zu unterscheiden. Zwar zeigt sich eine solche Annäherung bei
den kommunistischen Parteien deutlich in der Neigung, eine wirtschaftliche Struktur anzunehmen, sowie in der Tatsache, daß die Gewerkschaften unter ihrem Einfluß häufig politische Kämpfe austragen;
anderswo gibt es sie aber nicht in demselben Maße. Im großen ganzen
wird das „Politische" vom „Wirtschaftlichen" streng geschieden.

Wir sind hier beim Kern des Problems: Welche Funktion haben die
Parteien eigentlich genau zu erfüllen? Es ist eine spezifisch politische
Funktion. Das bedeutet nichts anderes, als daß die Mitglieder derselben
Partei eine gemeinsame Ansicht über die Regierung der Stadt oder der
Nation besitzen. Natürlich findet sich diese Gemeinsamkeit der Sicht
häufiger bei Menschen gleicher Lebensweise, aber das ist, wie wir
gerade gesehen haben, keineswegs eine Notwendigkeit, und die politische Partei ist weit davon entfernt, sich genau mit der sozialen Klasse
zu decken. Der Begriff der Politik setzt somit eine Doktrin voraus, und

---

² *Maurice Duverger*, Les partis politiques, A. Colin, 1952.

sogar der Opportunismus, das heißt, das bewußte Absehen von einer Doktrin, ist eine Doktrin. Man versteht nun, warum politische Parteien erst in verhältnismäßig junger Zeit oder in Gesellschaften mit entwickelter Kultur auftauchen. Sie verlangen schon ein ziemlich ausgeprägtes Nachdenken über die Bedürfnisse der sozialen Gruppe und über die Mittel, sie zu befriedigen. Ich füge sogleich hinzu, daß das Programm allein nicht genügt, um von der Partei einen vollständigen Eindruck zu vermitteln, auch wenn es deren Grundlage bildet; hieran leidet die Definition von Benjamin Constant. Die politischen Parteien, und zwar selbst die, die in intellektuellen Kreisen geboren werden, sind keine Akademien. Sie sind auf Aktion ausgerichtet. Die Parteien versuchen, die Macht an sich zu bringen oder, wenn sie sie innehaben, zu behalten.

Wenn dem so ist, dann ist die Vielheit der Parteien in einer Demokratie offensichtlich normal. Ich sage: in einer Demokratie, denn in einem autokratischen oder totalitären System sind Überlegungen über öffentliche Angelegenheiten selten und überdies wirkungslos, wenn sie nicht sogar unterdrückt werden. Die demokratischen Grundsätze dagegen begünstigen die Entstehung politischer Parteien, denn da jedes Individuum theoretisch Inhaber der nationalen Souveränität ist, ist jeder Bürger schon aus diesem Grunde eingeladen, sich Gedanken zu machen über die Probleme, die sich dem Staat, dessen Mitglied er ist, stellen, und zu versuchen, die Lösung, die er für richtig hält, durchzusetzen. Es ist unvermeidlich, daß diese Lösungen sich nach verschiedenen Leitbildern ausrichten, die ihrerseits die Programme bilden und an die sich wiederum eine mehr oder weniger große Anzahl von Personen hält.

Man könnte, streng genommen, begreifen, daß jeder seine eigene Ansicht hat und zu allen Fragen eigene Lösungen beiträgt. In diesem Falle gäbe es so viele Parteien wie Individuen. Aber das ist selbst theoretisch unmöglich, wenn man bedenkt, daß eine Partei nicht nur eine intellektuelle Stellungnahme, sondern gleichzeitig eine Organisation ist, die auf ein Ziel, nämlich die Erringung oder die Erhaltung der Macht ausgeht. Deshalb ist es gar keine Frage, daß eine Partei aus einer Vielzahl von Personen bestehen und darüber hinaus sogar eine Kraft sein muß, die in der Lage ist, einen sehr großen Teil der öffentlichen Meinung auf ihre Seite zu ziehen.

Man hat sicher in der Vergangenheit und auch in unseren Tagen noch gesehen, wie starke Persönlichkeiten sich mit ein paar Anhängern umgaben, zum Sturm auf die Macht ansetzten und manchmal Erfolg hatten: Hier haben wir es aber nicht mehr mit echten Parteien zu tun, sondern eher mit Cliquen, die sich der Mittel des Staatsstreiches, des

Aufstandes usw. bedienen. Die politische Partei arbeitet, ohne a priori die Methoden der Gewalt auszuschließen, vor allem durch Überredung und muß sich deshalb mit weiten Teilen der Bevölkerung verständigen. Infolgedessen kann die Zahl der Parteien nicht beträchtlich sein.

In der Tat ist es selten, daß sie in einem modernen Staat über zehn hinausgeht, und meistens kann man ruhig einige davon außer Betracht lassen, weil sie keinen wirklichen Einfluß haben; die öffentliche Meinung schart sich in der Regel um fünf oder sechs Parteien, manchmal sogar nur um zwei, wie in den Vereinigten Staaten und in Großbritannien (wenn man in diesem letzteren Land von der liberalen Partei absieht, die jede Lebenskraft verloren hat).

Ich habe nicht die Absicht, die jeweiligen Vorteile des Zweiparteiensystems und des Mehrparteiensystems zu erörtern. Aber die eine wie die andere Formel erlaubt und drückt eine Spaltung der öffentlichen Meinung aus. Wenn sie auch im Zweiparteiensystem auf das Äußerste beschränkt ist, so impliziert sie doch die Existenz einer rechtmäßigen Opposition, in der sich — zweifellos unter Aufopferung einiger Schattierungen ihres Denkens — diejenigen zusammenfinden, die ganz allgemein in der Außen- wie in der Innenpolitik andere Ansichten vertreten als die Regierung.

Das Einparteiensystem erlaubt dies nicht. Es beruht auf dem Fehlen — oder dem Verbot — jeder Opposition. Man sieht sofort, inwiefern es mit den Grundsätzen der Demokratie im Widerspruch steht, nach denen jeder Bürger an der Leitung des Staates teilhat und auf gesetzlichem Wege versuchen kann, seine Ansichten durchzusetzen. Wie könnte er das tun, wenn er nur für Menschen stimmen darf, die ihm auf einer Liste aufgezwungen werden, wenn ihm also die Freiheit der Wahl verwehrt ist? Man kann sich sogar fragen, wozu Wahlen dann anders dienen als zum Ausdruck der mehr oder weniger großen Beflissenheit der Wähler, den Wünschen ihrer Regierung nachzukommen. So könnte man die Stärke der Opposition allenfalls nach der Zahl der Stimmenthaltungen bemessen, aber diese rein negative Opposition kann natürlich keine sinnvolle Rolle spielen.

Die Einheitspartei läßt sich rechtfertigen in einer Zeit, in der der Staat eine schwere Krise durchmacht. Im Falle eines Krieges oder heftiger sozialer Unruhen entsteht fast von selbst eine Konzentrationsbewegung, die alle Kräfte der Nation um ihre Führer sammelt, um ihnen ein tatkräftigeres und wirksameres Vorgehen zu ermöglichen. Das ist, was man manchmal eine „verschworene Gemeinschaft" nennt. Die üblichen individuellen Freiheiten werden außer Kraft gesetzt oder eingeschränkt. Oft wird der Ausnahmezustand ausgerufen. Auf jeden Fall sind das Recht auf freie Meinungsäußerung und die Versamm-

lungsfreiheit erheblichen Beschränkungen unterworfen. Man erlebt
eine auf Grund der besonderen Verhältnisse notwendige Stärkung der
Zentralgewalt. Es ist deshalb folgerichtig, daß jetzt auch die Unter-
schiedlichkeit der Ansichten, die die Vielheit der Parteien kennzeichnet,
auf ein Minimum zurückgeht und daß der Opposition mehr und mehr
ihr Recht auf Äußerung genommen wird. Diese Krisenzeiten sind tatsächlich unter dem Zwang der Umstände Zeiten der Diktatur: Die
Partei an der Macht handelt praktisch wie eine Einheitspartei. Im
übrigen sollte man selbst in Kriegs- oder Krisenzeiten die Unterdrük-
kung der Opposition nicht zu weit treiben. Denn auch eine Kriegs-
regierung kann viel von ihren Gegnern lernen, und sie ist wohl be-
raten, wenn sie kritische Äußerungen duldet, solange dadurch nicht die
Durchführung lebenswichtiger Aufgaben behindert wird. Im Laufe
des Krieges von 1914—1918 führte Clémenceau eine heftige Kampagne
gegen einige Regierungen, ohne daß diese daran dachten, ihn zu be-
helligen. Bekanntlich mußte er dann selbst wenig später die Macht
übernehmen. Jedenfalls darf die Einschränkung der staatsbürgerlichen
Rechte, die im System einer Einheitspartei sichtbar werden kann, in
einer Demokratie nicht die Krisenzeit überdauern, die allein sie zu
rechtfertigen vermag. Ist die Gefahr erst einmal vorbei, so muß man
so bald wie möglich zum normalen System, nämlich zur Vielheit der
Parteien zurückkehren.

In der vorangegangenen Erörterung haben wir angenommen, daß die
Partei eine wesentlich politische Aufgabe erfüllt. Das heißt nichts
anderes, als daß sie eine besondere Ansicht — die sie durchzusetzen
versucht — über die Leitung des Staates zum Ausdruck bringt. Gehen
wir jedoch von der kommunistischen Lehre aus, wonach die Partei vor
allem Ausdruck einer sozialen Klasse ist, dann kann es in den Ländern,
in denen die Klassen infolge der Vernichtung des kapitalistischen
Systems abgeschafft wurden, wie in Sowjetrußland oder in den Volks-
demokratien, nur eine Partei geben. Man könnte sogar mit Duverger
sagen: Vertritt die Partei eine Klasse, dann folgt daraus für Staaten
mit klassenloser Gesellschaft notwendig nicht die Existenz einer Einheitspartei, sondern die Nichtexistenz jeglicher Partei.

Tatsächlich betätigt sich die Partei in Ländern mit kommunistischer
Ordnung (genauso war es im faschistischen Italien) nicht im eigentlichen
Sinne politisch. Hier scharen sich nicht Menschen um ein Programm, das
ihre konstruktiven Gedanken über das allgemeine Wohl wiedergibt
und das sie bestrebt sind, in die Tat umzusetzen. Die Einheitspartei
hält die Vortrefflichkeit des Laufs der Regierungsmaschinerie für
erwiesen und verzichtet darauf, ihn anders als in Einzelfragen abzuändern. Dennoch spielt sie eine doppelte oder sogar dreifache Rolle.
Einmal hat sie die Verbindung zwischen der Regierung und den Volks-

massen herzustellen und aufrechtzuerhalten. Über diesen Kanal bleiben die Machthaber über die Bedürfnisse des Volkes auf dem laufenden, und über diesen Kanal werden sie dazu gebracht, sie zu erfüllen. Diese erste Funktion der Partei darf nicht unterschätzt werden. Weiterhin werden in der Partei die Verwaltungs- und Führungseliten herangebildet, und damit übernimmt die Partei eine sehr bedeutende erzieherische Aufgabe. Schließlich setzt sich die Partei aus den aktivsten Elementen, aus denen, die dem Regime am treuesten ergeben sind, zusammen. Ihre Mitglieder sind Kämpfer, deren Hauptaufgabe eine dauernde Propaganda für die herrschenden Grundsätze und Menschen ist.

Man wird bemerken, daß alles grundverschieden ist von der Rolle, die einer Partei zukommt, wenn es stimmt, daß sie die Ansicht einer Gruppe von Bürgern über den Gang der öffentlichen Angelegenheiten ausdrücken soll. Hierauf sind die Verfechter des Einparteiensystems vielleicht versucht zu entgegnen, daß, wenn die Partei im europäischen Osten wirklich keine politische Funktion erfüllt, dies darauf beruhe, daß sich keine Probleme dieser Art mehr stellen. Seit der Umgestaltung des Staates im Gefolge der proletarischen Revolution könne man nicht mehr von Politik im klassischen Sinne des Wortes sprechen. Vielleicht darf man auch das Wort Regierung nicht mehr in dem Sinne gebrauchen, in dem wir es in den westlichen Demokratien verstehen. Bekanntlich träumte die französische sozialistische Tradition seit Saint-Simon von einem Staat, in dem die „Regierung über die Menschen" durch eine „Verwaltung der Sachen" ersetzt würde. Vielleicht schmeicheln sich die osteuropäischen Staaten, diese große Umwandlung vollzogen zu haben. Das ist jedoch ganz eindeutig nicht der Fall. Der Augenblick, in dem man das Innenministerium und die Polizeiorganisationen abschaffen könnte, scheint noch nicht gerade nahe. Auch in Zukunft stellen sich umfangreiche politische Probleme: Industriepolitik, Außenpolitik, Kulturpolitik usw. Man kann kaum annehmen, daß jedermann darüber die gleiche Meinung hätte, nämlich genau diejenige der führenden Kreise. Wenn es sich nicht gerade um eine amorphe Masse von Herdenmenschen handelt, dann existieren notwendigerweise abweichende Meinungen; sie sind nur zum Schweigen verurteilt. Da die Einheitspartei notwendig die Partei der Regierung ist, bleibt für die, die in einer demokratischen Ordnung klassischer Prägung die Opposition bilden würden, kein anderer Ausweg als die Enthaltung. Mit anderen Worten, jede Opposition ist vernichtet.

Es versteht sich von selbst, daß diese erzwungene Gleichschaltung in radikalem Widerspruch zu den Grundsätzen der Demokratie steht; ich will darauf nicht zurückkommen. Die Frage ist jedoch, ob sie nicht auch ernste Nachteile mit sich bringt. Ich sehe deren zwei. Einmal die Gefahr der Stagnation: Es ist nicht zweifelhaft, daß die Opposition

Bewegung in das politische Leben hineinbringt. Der Überfluß an fruchtbaren wie abwegigen Doktrinen ist ein Zeichen für Lebenskraft. Wie
reich eine Partei auch sein mag, wenn sie immer ohne Gegenspieler
bleibt, dann hat sie sich nach einer gewissen Zeit selbst verzehrt. Sogar
die katholische Kirche, diese große Meisterin der Politik, war sich
dessen bewußt, als sie die Notwendigkeit von Häresien anerkannte,
zu deren Verfolgung sie sich allerdings zu ihrem Bedauern gezwungen
sah. *Oportet haereses esse!* Absolute Monarchien und Diktaturen haben
im allgemeinen kurzen Bestand, weil sie sich mangels Kritik in ihrem
System einigeln und nicht versuchen, sich mit anderen Ansichten aus-
einanderzusetzen. Es kommt ein Augenblick, in dem die ungestillten
Bedürfnisse explodieren. Das ist die unvermeidliche Revolution, hinaus-
geschoben allein mit Hilfe der makabren Ablenkung durch auswärtige
Kriege.

Aber eine noch unmittelbarere und subtilere Gefahr bedroht das
Einparteiensystem: die Allmacht der Verwaltung oder, wenn man ein
Wort, das der Sprachgebrauch abgeschliffen hat, in seinem ursprünglichen etymologischen Sinn versteht, die Bürokratie. In einem System,
in dem eine Person Ansichten vertritt, die dem offiziellen Standpunkt
widersprechen, in dem diese Person aber nicht die Möglichkeit hat —
unterstellen wir sogar einmal, sie könnte ihren Standpunkt in den
Diskussionen, die den Wahlen vorangehen, frei darlegen — ihre Meinung auf normale Art und Weise auszudrücken, das heißt, einen Vertreter zu wählen, der sie in den beratenden Versammlungen oder in
den Regierungsausschüssen vertritt, in einem solchen System ist der
öffentlichen Gewalt eine lange Lebensdauer nahezu sicher. Ich will
die Vorteile, die das bietet, nicht bestreiten. Wir leiden in Frankreich
zu sehr unter dem dauernden Wechsel auf den Ministerposten, um
nicht manchmal einen neidischen Blick auf die Länder zu werfen, in
denen die Regierung praktisch gegen jede Gefahr eines Sturzes gefeit
ist. Das erlaubt eine für die Allgemeinheit sehr vorteilhafte Beständigkeit in Denken und Handeln. Aber die Medaille hat ihre Kehrseite.
Sicher zu überdauern, erwerben die Leute in den entsprechenden Stellungen eine Autorität, eine Macht, die weit über diejenige hinausgeht,
die ihren Funktionen eigentlich zukommt. Ich habe Anlaß zu glauben,
daß die heutigen Politiker in den Staaten Osteuropas vollkommen
uneigennützig sind und sich nur von dem vermeintlichen Interesse
ihrer Mitbürger leiten lassen: Sie sind in der Mehrzahl Idealisten,
die für ihre Sache gelitten haben. Aber wer garantiert, daß ihre
Nachfolger von demselben Geiste beseelt sind? Es ist gerade die Aufgabe einer Verfassung, die Bürger gegen den Mißbrauch der Macht
durch die Obrigkeit zu schützen und diese Obrigkeit selbst vor Ver-
suchungen aller Art zu bewahren, die auf sie einstürmen können. Die
Existenz einer freien und legalen Opposition ist der beste Zügel, das

wirksamste Heilmittel. Fehlt sie, dann läuft man Gefahr, die schlechteste der Technokratien sich etablieren zu sehen, denn sie wäre das Werk derer, die rechtmäßig die Kommandohebel des Landes in der Hand halten.

Ich füge zum Abschluß hinzu, daß von der höheren Warte der politischen Moral aus das Einparteiensystem etwas Schockierendes an sich hat. Die Gleichschaltung oder, wenn man lieber will, die vollständige Anpassung, die es verlangt, läßt sich verstehen und in weitem Maße rechtfertigen in Krisenzeiten, wie ich gerade ausgeführt habe, oder noch in einem Augenblick der Begeisterung. Diese Begeisterung kann durch eine große Neuerung hervorgerufen sein, durch eine Revolution, aber in diesem Fall kann sie ihre ursprüngliche Kraft nicht lange bewahren. Ist das neue Regime erst einmal etabliert, dann haben die, die unter dem alten nicht gelitten haben, keinen Grund, ihm mit demselben Wohlwollen gegenüberzustehen wie die, die an der Revolution teilgenommen haben. Das Regime, unter dem sie seit ihrer Jugend gelebt haben, erscheint ihnen als normal: Unter solchen Umständen wird die Begeisterung nicht von selbst kommen. Infolgedessen ist das System der Einheitspartei in dieser zweiten Phase künstlich und, wenn ich meine Meinung sagen darf, unterdrückend. Die Türken scheinen das gut begriffen zu haben. Im Gefolge der tiefgreifenden Reformen, die Kemal Atatürk durchgeführt hatte, war die Einheitspartei eingeführt worden. Sie hat sich aber nicht für immer festgesetzt, und 1924, hauptsächlich aber 1930, entstand ein Vielparteiensystem, das völlig den normalen Regeln der Demokratie entsprach.[3]

Man hat die totalitären Systeme oft mit Religionen verglichen, und man hat beobachtet, daß die Arbeiterklassen in dem Maße, in dem sich bei ihnen der Glaube an das Übernatürliche abschwächt, zugänglicher werden für einen gewissen politischen Mystizismus. Diese etwas zu sehr vereinfachende Formel enthält ein Körnchen Wahrheit. Es ist namentlich nicht zweifelhaft, daß das Einparteiensystem sich schlecht mit einem kritischen, politisch entwickelten Geist verträgt. Das ist vielleicht die unerfreulichste Seite der Angelegenheit. Der Verzicht, den es voraussetzt, die unwiderrufliche Übertragung der Leitung der Staatsgeschicke in die Hände von Menschen, zu denen man einmal Vertrauen gehabt hat, ohne daß man sich das Recht vorbehält, sie einer dauernden Kritik zu unterziehen, ist vielleicht das Anzeichen für eine Beugung der öffentlichen Meinung. Zumindest bedeutet es eine Krise der Demokratie, wenn man unter Demokratie die Ordnung versteht, in der die Regierungsgewalt vom Volke ausgeht und in der die Regierenden nur den Willen des Volkes vollstrecken.

---

[3] Diese Versuche hatten nur eine kurze Dauer. Erst seit der Verfassung von 1961 steht das Mehrparteiensystem nicht mehr lediglich auf dem Papier (Anm. d. Herausgebers).

Anhang

Soziologie und Geschichte

XII. Was ist eine historische Tatsache?[1]

> Idem non esse et non apparere
> (Alte Rechtsweisheit)

Es ist sicherlich nicht uninteressant, wenn ich versuche, den Begriff der historischen Tatsache zu definieren. Alle Welt ist sich darin einig, daß eine solche Tatsache wesensmäßig eine vergangene Tatsache ist; wobei weiter darin Übereinstimmung herrscht, daß man den Begriff „vergangen" im weitesten Sinne zu verstehen hat und daß die streng genommen noch zeitgenössischen Ereignisse für den, der sie beschreibt, schon der Vergangenheit angehören, so daß sie bereits in das Gebiet des Historikers fallen. Ich will auf diesen wenigen Seiten die Aufmerksamkeit auf einige Folgerungen aus dieser im übrigen richtigen Auffassung lenken, die vielleicht nicht immer klar erkannt werden.

Damit eine Tatsache wirklich der Vergangenheit angehört, genügt es nicht, daß sie sich zeitlich vor der Untersuchung ereignet hat. Das wäre eine etwas grobe und oberflächliche Art, die Dinge zu betrachten. Erforderlich ist weiterhin, daß sie ihre Wirkungen entfaltet hat, daß sie einen wenn auch noch so schwachen Einfluß ausgeübt hat. Im Bereich der Geschichte wie in jedem anderen Bereich besteht das Sein nicht allein im Existieren, sondern darin, daß es seine Existenz offenbart. Alles, was ein verborgenes Leben lebt, ist keine vergangene Tatsache und folglich keine historische Tatsache.

Die Tatsachen dieser Art sind sehr zahlreich. Der offensichtlichste Fall ist der der Entdeckung eines unbekannten Textes, den der Verfasser sorgfältig geheim gehalten hat oder den er aus irgendwelchen Gründen nicht veröffentlichen konnte. Abgesehen von diesem Grenzfall gibt es aber noch eine ganze Reihe von Tatsachen, die, wenn auch in mehr oder weniger geringem Ausmaß, dieselben Eigenheiten zeigen. Manche philosophische oder religiöse Lehre ist den Zeitgenossen in wesentlichen Punkten unbekannt geblieben. Nach einiger Zeit, unter

---

[1] Auszug aus der ‚Revue de Synthèse', Bd. XLII, 1926.

Umständen nach Jahrhunderten, gelingt es einem Forscher, ihren wahren Sinn aufzudecken, der bis dahin allen entgangen war. Ein Literaturhistoriker entdeckt ein verkanntes Meisterwerk. Es ist völlig richtig, wenn man sagt, daß diese Texte erst an dem Tage entstehen, erst an dem Tage Wirkungen hervorrufen, an dem sie verbreitet werden. Man kann ohne Übertreibung behaupten, daß sie historisch gesehen vorher nicht existierten[2]. Man kann auf dem eingeschlagenen Weg noch weiter gehen und aus denselben Gründen verlangen, daß der Historiker sich nur mit der scheinbaren Wahrheit beschäftige und Tatsachen beiseite lasse, die keine Wirkungen entfaltet haben. Nehmen wir ein Beispiel: Ein Staatsmann hat zu seinen Lebzeiten als hervorragender Politiker mit großen Plänen gegolten, und dieser Ruf, der unter seinen Freunden wie unter seinen Feinden gleich weit verbreitet war, war nicht die geringste Ursache für seinen Erfolg. Eine spätere Veröffentlichung beweist schlagend, daß die betreffende Person in Wahrheit ein kleiner Geist war, dem völlig unverhofft günstige Umstände zu Hilfe gekommen sind. Was nun für den Historiker interessant ist, das ist nicht, wie der Mann wirklich war, sondern wie er sich seinen Zeitgenossen dargestellt hat. Das allein erklärt seinen Einfluß und die Rolle, die er hat spielen können. Wenn der Schein vom psychologischen Standpunkt aus trügt, vom historischen aus ist er allein wirklich.

Man wird das als widersprüchlich ansehen, und man wird nicht nur das Recht, sondern auch die Pflicht des Historikers verkünden, sich an die Wirklichkeit zu halten, den trügerischen Schein zu zerstören. Ist die Geschichte nicht die große Richterin, muß sie es nicht sogar sein? Hat sie nicht die Aufgabe, die verfälschte Wahrheit wiederherzustellen, Unrecht wiedergutzumachen, wären sie auch durch lange Tradition geheiligt? Das ist sicher eine sehr schöne und sehr noble Vorstellung von der Rolle des Historikers, und es läßt sich nicht bestreiten, daß er auf diese Weise ein unerläßliches und heilsames Werk der sittlichen Veredelung vollbrächte.

Überdies, wird man sagen, ist es nicht völlig willkürlich und ungerecht, dem Historiker die Suche nach der verborgenen Wahrheit zu untersagen? Warum soll man ihn auf die Oberfläche der Dinge beschränken, wenn er bei seinen Forschungen eine viel tiefere Wirklichkeit erreichen kann?

---

[2] Es kommt manchmal vor, daß der Forscher unbewußt oder aber auch mit Vorbedacht einen alten Text falsch auslegt und daß diese Auslegung, die den gewandelten Bedürfnissen der Zeit entspricht, dem Text eine neue Bedeutung gibt, die nicht im Sinne seines Verfassers gelegen hat. Ein berühmtes Beispiel für einen solchen fruchtbaren Irrtum ist die unrichtige Deutung der Worte *„Pacta servabo"* aus dem Edikt des römischen Prätors, aus denen die Juristen des Mittelalters die Regel entnahmen, daß die einfache Willensübereinstimmung genüge, um sich zu verpflichten.

Ich bin weit davon entfernt zu behaupten, daß eine derartige Aufgabenstellung nicht notwendig und fruchtbar wäre. Ich sage nur, daß sie nicht in die Zuständigkeit des Historikers fällt. Zweifellos kann sich derjenige, der sich ihr unterzieht, der Mittel der Geschichtskritik bedienen, und er muß es auch. Er mag ein Biograph, ein Gelehrter, ein Psychologe sein, er wird aber kein Historiker sein, wenn die Geschichtswissenschaft darin besteht, die Vergangenheit zu studieren, die Wirkungen und Gegenwirkungen, die die Ereignisse aufeinander gehabt haben, zu untersuchen mit dem Ziel, das Gesetz dieser Wechselwirkungen zu finden.

Anspruch auf die Einordnung als historische Tatsache hat also nur die wirklich vergangene Tatsache, d. h. die Tatsache, die Wirkungen in der Vergangenheit erzeugt hat. Wenn man aber bedenkt, daß eine Tatsache ihre Wirkungen nur auf die Meinung und durch die Meinung entfaltet, dann folgt daraus notwendig, daß die geschichtliche Tatsache wesensmäßig eine soziale Tatsache ist. Zu sagen, daß eine Tatsache Wirkungen hervorgerufen hat, das heißt sagen, daß sie in einer engeren oder weiteren Umwelt Glauben gefunden hat. Es ist die Ansicht, die sich über ihren Gegenstand bildet, welche ihren historischen Charakter begründet.

Von geringer Bedeutung ist demzufolge die Natur dieser Tatsache. Es kommt sogar kaum darauf an, ob sie vereinzelt bleibt oder ob sie sich wiederholt, ob sie besonders ist oder allgemein. Sobald eine Kollektivmeinung über eine Tatsache entstanden ist, unterliegt sie der Gerichtsbarkeit der Geschichte. Überall, wo diese Kollektiverscheinung fehlt, haben wir es nicht mit einer geschichtlichen Tatsache zu tun.

Man kann sogar noch weiter gehen und behaupten, daß der eigentliche Gegenstand der Geschichte weniger die Tatsachen selbst sind als die Kollektivansichten, die sich über sie gebildet haben. Besteht zwischen der wirklichen Tatsache und dem Bild, das man sich von ihr macht, ein Zwiespalt oder ein Mißverhältnis, dann muß der Historiker sich an das letztere halten.

Es gibt einen Bereich, in dem gemäß der Natur des untersuchten Stoffes dieses Verfahren allgemein befolgt wird, das ist die Religionsgeschichte. Hier ist es gang und gäbe, daß der Wissenschaftler die vorhandenen Überzeugungen untersucht, ohne sich übermäßig um ihre wirkliche Grundlage zu kümmern. Der Mythos existiert aus sich selbst heraus, gleichgültig, welches die häufig unbedeutende Ursache ist, die ihn hervorgebracht hat. Und das ist es — nebenbei bemerkt —, was die Betrachtungsweise der modernen Religionshistoriker grundlegend von der der Philosophen des 18. Jahrhunderts unterscheidet, für die religiöse Erscheinungen nur Illusion oder Betrug waren, sobald sich herausstellte, daß die materielle Tatsache an ihrem Anfang geringfügig oder gar trügerisch war. Für den modernen Wissenschaftler dagegen bedeutet diese Tatsache selbst wenig, denn die wirkliche Ursache des Mythos findet sich in der seelischen Verfassung der Masse, in deren Mitte sie verbreitet ist[3]. Für den Bereich der Religionsgeschichte wird man nur zu gern zugeben, daß die Legende genauso wahr ist und in einem gewissen Sinne sogar wahrer als die Geschichte.

Aber in dieser scheinbar paradoxen Form gilt der Gedanke nicht weniger in den anderen Bereichen der Geschichte. Man könnte auf den ersten Blick glauben, daß es auf dem Gebiet der Institutionengeschichte anders sei. Die Institutionen sehen aus wie starre, fast materielle Gegebenheiten, unabhängig, wie es scheint, von den Ansichten, die sich über sie bilden. Aber nichts ist trügerischer als dieser Schein. Die juristischen Phänomene hängen nicht nur stark von den Ansichten ab, sondern auch von den Gefühlen der sozialen Gruppe, und Emmanuel Lévy hat ohne Übertreibung sagen können, daß „das Recht aus Überzeugungen besteht". Auch hier lebt man mit dem Schein, selbst mit dem falschen Schein, und es ist der Schein, der die einzig wirkliche Realität und damit den einzigen Gegenstand der historischen Forschung begründet. Das trefflichste Beispiel liefern uns die falschen Dokumente, deren die Geschichte des Mittelalters so viele Proben bietet. Es ist zweifellos nicht ohne Interesse, die Unechtheit der falschen Kapitularien, der falschen Dekretalen usw. usw. festzustellen und zu erfahren, in welcher Schreibstube und zu welchem Zweck die Dokumente angefertigt worden sind; aber vom historischen Standpunkt aus bedeutet es wenig, ob sie falsch oder echt sind. Solange man ihnen glaubte, solange haben sie die Wirkungen erzeugt, die ihre Verfasser von ihnen erwarteten; *error communis facit ius*. Die politische Geschichte bietet uns ebenfalls zahlreiche ähnliche Beispiele: so die falschen Zaren und die falschen Sultane, die ohne das mindeste Recht über ganze Reiche regierten, nur weil sie es verstanden, die Legitimität ihrer Geburt glauben zu machen. Wer unterscheidet sie von ihren Vorgängern, und glaubt man wirklich, daß unsere Kenntnis von der Geschichte eines Landes sich in irgendeiner Hinsicht ändern würde, wenn neue Forschungen uns lehrten, daß dieser oder jener König oder Kaiser in Wirklichkeit ein Usurpator war? Sogar in der Literatur muß für den Historiker trotz eines gewissen instinktiven Widerwillens der Anschein gegenüber der Wirklichkeit den Vortritt erhalten. Verdanken manche Bewegungen ihre Entstehung nicht wahrhaften Betrügereien? Man kennt die Rolle, die der falsche „Ossian" in den Anfängen der Romantik gespielt hat.

Um meinen Gedanken größere Schärfe zu verleihen, habe ich, wie ich gerade sagte, den Extremfall genommen, den der ausgesprochenen

---

[3] Deshalb ist die Frage der Existenz Jesu, über die augenblicklich so viel gestritten wird, ohne Einfluß auf die historische Bedeutung des Christentums.

Fälschung. Aber zwischen diesem seltenen Sonderfall und der normalen geschichtlichen Tatsache gibt es nur Unterschiede im Grade, nicht der Natur nach. Auf der einen Seite ist die Fälschung auf diesem Gebiet keine bloße einfache Täuschung, die ein Individuum in der Absicht unternimmt, seine Zeitgenossen hinters Licht zu führen. Die Psychiater pflegen zu sagen, „es gibt keine wirklichen Simulanten". Gleichermaßen könnte man sagen, es gibt keine wirklichen Fälscher. Die Fälschung, die Erfolg hat, die in einer weiteren sozialen Umwelt Glauben findet, antwortet auf ein Bedürfnis dieser sozialen Umwelt, welche, da sie nichts hat, was ihre Wünsche befriedigt, sich gewissermaßen selbst verschafft, womit sie ihr Bedürfnis stillt. Man kann deshalb sagen, daß der wirkliche Urheber der Fälschung die soziale Gruppe ist und daß das Individuum, das den Text tatsächlich abfaßt, nicht mehr ist als ihr Werkzeug. Andererseits ist es nicht weniger richtig, daß jede individuelle Kundgabe, selbst die aufrichtigste und genaueste, bis zu einem gewissen Grade ihrem Urheber entgleitet, und zwar allein deshalb, weil sie veröffentlicht ist. Diese Tatsache wird im höchsten Maße durch die Gesetzestexte bestätigt, die, selbst wenn sie dem Hirn eines Selbstherrschers entsprängen, doch der entstellenden Tätigkeit der Auslegung unterliegen und die nur um den Preis dieser unablässigen Entstellung bestehen können, einer Entstellung, die so weit gehen kann, daß mancher Gesetzgeber Mühe hätte, sein Werk in dem Gesetz, so wie es angewendet wird, wiederzuerkennen. Was für das Gesetz gilt, gilt ebenso für jede mündliche oder schriftliche Gedankenäußerung, und man hat ohne Übertreibung sagen können, daß ein Buch so viele verschiedene Bedeutungen besitze, wie es Leser hat. Die eigene Vorstellung des Schriftstellers ist zweifellos in einem gewissen Sinn die einzig wahre. Der Historiker wird sie aber nichtsdestoweniger vernachlässigen müssen, wenn es ihr nicht gelungen ist, sich durchzusetzen.

Noch einmal, das soll nicht heißen, daß sie unwichtig wäre. Es wird im Gegenteil oft von allergrößtem Interesse sein, sie kennenzulernen, aber diese Untersuchung ist nicht *historisch*, sie bezieht sich nicht auf die Vergangenheit. Was den Historiker als solchen interessiert, das ist die Erforschung der Gründe, aus denen die individuelle Bemühung eine bloße Anregung geblieben ist, warum sie kein Echo in der sozialen Umwelt gefunden hat.

So bestätigt sich in jeder Hinsicht der Gedanke, daß der wahre Gegenstand der historischen Forschung die Ansicht ist, die sich über eine Institution, über ein Ereignis, über eine x-beliebige Handlung gebildet hat. Dieser Gedanke darf aber nicht dahin überdehnt werden, daß man zugunsten der Legende eine Seite der Wirklichkeit vernachlässigt, die, wenn auch künstlich beiseite gelassen, dennoch unbestreitbar eine geschichtliche Rolle gespielt hat. Es kommt manchmal, ja sogar ziemlich häufig vor, daß dieselbe Folge von Ereignissen sich von zwei verschiedenen Seiten darbietet, die beide den gleichen Anspruch auf die Aufmerksamkeit des Historikers haben. Hierher zählt zum Beispiel die völlig mit Legenden angefüllte Urgeschichte Roms, die anscheinend sehr wohl vom gesamten römischen Volk geglaubt wurden. Die moderne Forschung beweist, daß diese Legenden der Wirklichkeit widersprechen, daß sie nichts sind als ein Gewebe patriotischer Lügen. Soll man nun sagen, der Historiker müsse weiterhin mit Titus Livius lehren, daß Rom 754 Jahre vor Jesus Christus von Romulus gegründet worden ist? Ganz sicher nicht. Die wirkliche Geschichte Roms ist ganz anders gewesen, und die Spuren, die uns Archäologie und Linguistik in mühsamer Arbeit liefern, stellen uns vor Erscheinungen, die wir ohne Bedenken geschichtlich nennen können; denn wenn sie auch aus irgendwelchen Gründen nicht von der römischen Überlieferung bewahrt wurden, so haben sie doch auf wirkungsvollste Art zur Gestaltung und Entwicklung der Stadt beigetragen. Andererseits muß aber die idealisierende Umgestaltung dieser Tatsachen durch das Nationalbewußtsein der Römer auf einer anderen Ebene und in anderem Zusammenhang die Aufmerksamkeit des Historikers hervorrufen. Sie fällt ebenfalls in seine Zuständigkeit[4].

Man wird dieser Theorie vielleicht vorwerfen, sie sei zu eng, sie stecke das Arbeitsfeld des Historikers willkürlich ab. Verlangt man nämlich von der geschichtlichen Tatsache, daß sie in das gesellschaftliche Bewußtsein eingehe, dann scheidet man, so scheint es, auf der einen Seite die rein individuellen Ereignisse, auf der anderen die unbewußt gebliebenen Ereignisse aus.

Der erste Einwurf rührt aus einer recht groben Verwechselung her, und ich würde mich hüten, etwas Derartiges zu behaupten. Kein Soziologe wird bestreiten, daß die Ereignisse die Taten von Individuen, und zwar mehrerer gemeinsam oder eines einzelnen allein, sind; er besteht aber darauf, daß deren Handlung sich nur in dem Maße auswirkt, als sie ein Echo in der sozialen Umwelt findet.

Der Vorwurf, die unbewußten Elemente würden aus der Geschichte ausgemerzt, ist nicht begründeter. Er beruht ebenfalls auf einem Irrtum.

---

4 Man darf nicht so weit gehen zu sagen, daß wir es hier — und in gleichliegenden Fällen — mit zwei Reihen von Ereignissen zu tun hätten, wobei die erste aus den wirklichen Tatsachen bestünde, aus unverarbeiteten Tatsachen, während die andere eine (tendenziöse) Deutung eben dieser Tatsachen wäre. Der zeitliche Ablauf der Ereignisse, so wie man ihn zu rekonstruieren vermag, hat ebenso wie die Legende, die sich über ihn gebildet hat, einen sozialen Charakter. Die „rohe Tatsache" ist etwas ganz anderes. Das ist die Tatsache, die verborgen geblieben ist oder die jedenfalls keinerlei Wirkung entfaltet hat. Sie existiert für den Historiker nicht.

Wenn man vom sozialen Bewußtsein spricht, dann versteht man darunter nicht eine vollkommen klare und rein verstandesmäßige Wahrnehmung. Ganz im Gegenteil, das soziale Bewußtsein ist bis oben hin mit gefühlsmäßigen Elementen angefüllt. Daher genügt es, wenn die soziale Gruppe, in der sich die schöpferische Handlung abspielt, bis zu einem gewissen Grade empfänglich ist für diese Handlung und daß sie auf sie eingeht — sei es auch nur, um sie zu entstellen —, damit diese Handlung geschichtlichen Wert gewinnt.

Wir sind nunmehr in der Lage, eine Definition der historischen Tatsache vorzuschlagen. Diese Bezeichnung verdient jede vergangene Tatsache, die sich im Kollektivbewußtsein widerspiegelt, und die geschichtliche Bedeutung dieser Tatsachen bemißt sich nach dem Einfluß, den sie auf die nachfolgenden Tatsachen derselben Art gehabt haben.

XIII. Geschichte und Chronologie[1]

In einem früheren Artikel[2] habe ich die Ansicht vertreten, daß man eine Tatsache nur dann als geschichtliche Tatsache bezeichnen könne, wenn sie irgendeinen Einfluß ausgeübt hat, daß sie in die Geschichte nur eingehe, wenn sie bekannt ist, und nur in dem Maße, als sie bekannt ist. Ich möchte auf diesen wenigen Seiten auf dem eingeschlagenen Weg fortfahren und untersuchen, ob nicht angesichts dieser Gegebenheiten die Vorstellungen, die sich im allgemeinen die Historiker von der Chronologie machen, zu berichtigen sind.

Für den Historiker heißt eine Tatsache datieren ihre Existenz in die Zeit einreihen, sie auf dem Kalender, d. h. in dem Zyklus der Sonnenumdrehungen einordnen. Daß eine derartige Tätigkeit äußerst nützlich ist, bestreite ich nicht, und ich bin gern bereit anzuerkennen, daß immer scharfsinnigere und feinere Verfahren der Datierung von den Diplomatikern ausgearbeitet worden sind, die der Wissenschaft zu sehr großen Fortschritten verholfen haben. Um die Erfolge, die da erzielt wurden, geht es hier aber nicht.

Die Frage ist eine ganz andere, und sie stellt sich auf einer ganz anderen Ebene. Mit Recht fragt man sich, ob jene Auffassung vom Datum den Anforderungen des Historikers wirklich entspricht, ob er sich mit der Antwort zufrieden geben kann, die ihm die Chronologisten erteilen, nämlich, daß eine Tatsache an diesem oder jenem Punkt im Kalender auftaucht.

---

[1] Auszug aus der ‚Revue de Synthèse‘, Bd. LIV, Dez. 1934.
[2] Erschienen in der ‚Revue de Synthèse‘; s. die vorhergehende Abhandlung.

Ich für mein Teil glaube das nicht, oder zumindest, ich glaube nicht, daß das in allen Fällen genügt, nicht einmal immer in den bedeutendsten Fällen. Wenn man tatsächlich zugibt, daß das Ereignis, historisch gesehen, nur existiert, sofern es wirkt, dann wird man der Tatsache oft ein anderes Datum geben müssen als das, an dem sie materiell entstanden ist.

Zweifellos ist diese Trennung bei materiellen Tatsachen nicht möglich: Die Geburt oder der Tod eines bestimmten Individuums, die Erfindung einer Maschine, das Schlagen einer Schlacht, die Unterzeichnung eines Vertrages usw. erfolgen in einem bestimmten Zeitpunkt, aber diese Tatsachen sind, ich wiederhole es, für den Historiker auch nicht die wichtigsten. Von Ausnahmen abgesehen, ist die Geburt eines großen Menschen, so bemerkenswert sie auch sein mag, an sich uninteressant. Was den Historiker an ihm interessiert, das sind bestimmte Handlungen, und gerade diese Handlungen als die historisch bedeutsamen Ereignisse haben mindestens zwei Daten: das, an dem sie materiell geschehen, und den Zeitpunkt (oder die Zeiten), in denen sie wirken und ihren Einfluß ausüben.

Das wird besonders deutlich bei den Doktrinen, seien sie literarischer, politischer, philosophischer, religiöser oder sonstiger Natur. Ihr tatsächliches Geburtsdatum fällt nicht immer, nicht einmal meistens mit ihrem Erscheinen zusammen. Welches Datum soll man beispielsweise einer Lehre wie dem Marxismus, die doch scheinbar so einfach festzulegen ist, zuteilen? Man kann ihr mindestens drei anweisen: das, an dem Marx sein System abfaßt, das, an dem er sein *Kapital* veröffentlicht, und jenes, an dem seine Theorie sich in der Öffentlichkeit ausbreitet. In mancher Hinsicht scheint es, daß die Historiker, die sich ja nur an Tatsachen zu halten bemühen, die erste Lösung vorziehen müßten, aber selbst bei den am wenigsten soziologischen Historikern findet sich eine Spur von Soziologie, denn es gibt nicht einen, der nicht auf die gestellte Frage antworten würde, das wahre Datum des marxistischen Systems sei das der Veröffentlichung des *Kapitals*, d. h. das der Verbreitung der Lehre. Meines Erachtens müßte man einen Schritt weiter gehen und das Marxsche System, sofern sich insoweit genaue Belege finden lassen, von dem Zeitpunkt datieren, zu dem diese Lehre tatsächlich auf die öffentliche Meinung eingewirkt hat, an dem sie eine geistige Bewegung geschaffen hat. Es ist möglich, daß bei Marx dieses letzte Datum mit dem der Veröffentlichung des *Kapitals* zusammenfällt, aber es gibt andere Lehren, die erst sehr viel später eine Bewegung hervorgerufen haben[3].

---

[3] Das soll nicht heißen, daß der erste Zeitpunkt für den Historiker gleichgültig wäre. Zunächst kann es aufschlußreich sein zu wissen, daß zu einem bestimmten Zeitpunkt, der lange vor der Verbreitung, vor dem Einfluß auf

Dasselbe wie für die Doktrinen gilt *mutatis mutandis* auch für die Institutionen und erlaubt es, das Problem ihrer Entstehungszeit ein wenig anders anzupacken, als man gemeinhin gewohnt ist.

Jeder Historiker hat es gewissermaßen für sich zu lösen gehabt. Vor irgendeine Institution gestellt, mußte er sich fragen, wann sie entstanden ist.

Er wird oft in großer Verlegenheit gewesen sein, sie zu datieren, denn zahlreich sind jene zweifelhaften Fälle, in denen man nicht weiß, ob man es mit der Institution selbst zu tun hat oder nur mit Vorläufern, mit Ansätzen, die nicht von Erfolg gekrönt waren und die zeitlich von der eigentlichen Institution weit entfernt sein können.

Um darüber zu entscheiden, bedarf es einer genauen methodologischen Regel. Gut oder schlecht, ist sie jedenfalls besser als Willkür und individuelle Phantasie. Die Regel ist leicht zu finden, wenn man sich darüber klar wird, daß jede Institution entsteht, um einem Bedürfnis Genüge zu tun. Es macht wenig aus, ob dieses Bedürfnis wirklich, künstlich oder nur eingebildet ist. Es macht auch wenig aus, ob es von selbst entsteht oder aufgezwungen wird. Es kommt schließlich wenig auf die Natur dieses Bedürfnisses an: Es kann wirtschaftlicher, religiöser, moralischer, ästhetischer oder sonstiger Art sein; es läßt sich keine Einrichtung denken, die nicht bewußt oder unbewußt die Wirkung oder zumindest den Zweck hätte, einem von dem sozialen Verband mehr oder weniger bewußt empfundenen Mangel abzuhelfen. In diesem Sinne kann man ganz genau sagen, daß die eigentliche Ursache jeder Institution letzten Endes in jener Unvollkommenheit liegt, die zu beheben sie bestimmt ist. Auf gesellschaftlichem Gebiet schafft, viel mehr als in den Erscheinungen des Lebens, das Bedürfnis das Mittel.

Muß ich noch sagen, daß in all dem nicht die geringste Andeutung eines Finalismus beschlossen liegt? Die Institution entsteht nicht auf Grund eines Beschlusses der Vorsehung, der die Lage des Menschen verbessern will. Im übrigen bedeutet sie nicht immer einen Fortschritt gegenüber dem Vorangegangenen. Außerdem gibt es viele Bedürfnisse, die ungestillt bleiben, sei es, daß die Technik sich nicht genügend entwickelt, sei es aus irgendeinem anderen Grund. Ich will nur sagen, daß

---

die Gesellschaft liegen kann, mit den Mitteln, über die der Schöpfer oder der Entdecker verfügte, ein derartiges Kunstwerk hergestellt, eine derartige Entdeckung gemacht werden konnte. Das ist geistesgeschichtlich von Interesse. Darüber hinaus kann die bloße Abfassung eines nicht veröffentlichten Werkes sogar vom Standpunkt der Verknüpfung von Ursache und Wirkung in gewissen, allerdings seltenen Fällen, ein echtes Interesse bieten. Paul Harsin, der hochgelehrte Professor an der Universität Lüttich, macht mich auf einen Aufsatz von Boulainvilliers aufmerksam, der vor seiner Veröffentlichung als Manuskript Vauban mitgeteilt worden sein und dessen Dîme Royale beeinflußt haben muß.

eine Institution nicht zufällig und ohne Ursache entsteht und daß ihre wahre Ursache ein wirkliches oder eingebildetes Bedürfnis des sozialen Verbandes ist.

Demgemäß wird man, will man den Entstehungsvorgang einer Institution herausarbeiten, folgendermaßen vorgehen müssen: Man wird sein Augenmerk weniger auf die Untersuchung früherer oder späterer Vorläufer richten — die Vorläufer können bei der Schaffung der Einrichtung nur einen geringen Einfluß ausgeübt haben — als auf ihre Existenzbedingungen, d. h. auf die Gesamtheit der Umstände, die zu einem gegebenen Zeitpunkt in einer gegebenen sozialen Gruppe die Entstehung der Einrichtung bestimmt haben und die, wie gesagt, ihre wahre Ursache sind.

Nehmen wir ein Beispiel. Wählen wir aus den zahlreichen Institutionen, die wir vor unseren Augen entstehen sehen, den Völkerbund. Wer seine Anfänge untersuchen will, wird natürlich von den verschiedenen Plänen zum Zusammenschluß der Völker in einem Staat sprechen, die in der Vergangenheit von Denkern und Utopisten, angefangen von Plato bis hin zum Abbé Saint-Pierre, ausgearbeitet wurden; aber kein Mensch wird ernstlich glauben, daß das Gebilde, das durch den Vertrag von Versailles geschaffen wurde, seinen Ursprung in diesen Schriften hätte. Der wirkliche Entstehungsgrund für den Völkerbund lag in dem Wunsch der Völker nach Beendigung des großen Krieges, sich zusammenzuschließen, ihre Streitigkeiten gütlich zu regeln und ihre Interessen gemeinsam zu verfolgen. Dieses Bedürfnis war zweifellos nicht neu, aber es war niemals so ausgeprägt, und dieses Bedürfnis war es, das der Institution als *primum movens* gedient hat. Andererseits wäre es leicht zu zeigen, daß alle für ihre Entwicklung notwendigen Bedingungen sich gerade in jenem historischen Augenblick vollständig vorfanden. Die Idee hatte man schon vorher äußern können. Bei der Verwirklichung scheint sie aber keinen erkennbaren Einfluß auf die Gründer des Völkerbundes ausgeübt zu haben.

Hier ist das Datum der Institution nicht schwer zu bestimmen; es fällt mit einem offiziellen Akt zusammen. Aber nun ein anderes Beispiel aus einem anderen Gebiet: Zu Beginn des 17. Jahrhunderts sehen wir, wie in Frankreich, in Holland, in England unter dem Namen „Kompagnien" eine Reihe von Aktiengesellschaften entsteht und sich entwickelt. Nun gab es schon vorher, seit Anfang des 15. Jahrhunderts, in Genua eine Bank, die sogenannte St. Georgsbank, die die Mehrzahl der Züge aufwies, die die Aktiengesellschaft kennzeichnen. Damit stellt sich die Frage, ob die Aktiengesellschaften auf das 15. oder das 17. Jahrhundert zu datieren sind. Ein reiner Historiker würde zweifellos versucht sein, die erste Antwort zu geben, denn man findet tatsächlich seit dieser Zeit ein Unternehmen, das alle wesentlichen Merkmale der fraglichen Institution aufweist. Aber diese Lösung wäre meines Erachtens trotzdem unrichtig, denn worauf es ankommt, ist nicht die Tatsache, daß es irgendwo vereinzelt ein Exemplar der Institution gibt, dessen Einfluß auf die anderen keineswegs bewiesen oder auch nur wahrscheinlich ist, sondern das fast gleichzeitige Aufkommen mehrerer Kapitalgesellschaften mit zahlreichen gemeinsamen Eigenschaften in verschiedenen Gegenden Europas. Die Allgemeinheit und die Dauer der Erscheinung ist dann ein sicheres Zeichen dafür, daß die Gesellschaft ein Bedürfnis für sie empfindet. Deshalb zögere ich nicht zu behaupten, daß die Aktiengesellschaft erst im 17. Jahrhundert entstanden ist[4] und daß man die St. Georgsbank in Genua als eine Art Vorläufer dieser Institution zu betrachten hat.

Ein anderer Nachteil dieser ein wenig mechanischen Betrachtungsweise ist, daß sie Gefahr läuft zu glauben, jede spätere Tatsache berücksichtige notwendig alle vorangegangenen Tatsachen. Zweifellos wird diese Ansicht nicht ausdrücklich als methodologische Regel ausgesprochen, aber sie liegt vielen gelehrten Untersuchungen zugrunde. So verweist man einen Text, den man datieren will, oft in eine viel zu frühe Zeit, weil sein Verfasser eine andere Tatsache oder einen anderen Text nicht berücksichtigt hat, der ihm — wie man unterstellt — nicht unbekannt sein konnte. In Wirklichkeit ist das aber gerade das Problem. Hat er davon Kenntnis gehabt, und wenn er davon Kenntnis gehabt hat, hat dann die eine Tatsache die andere beeinflußt? Es ist willkürlich, die Frage damit zu beantworten, daß man sagt, der Einfluß hätte sich sicher gezeigt[5].

Aus alledem folgt, daß es neben der astronomischen Zeit eine soziale Zeit gibt, deren Beobachtung für den Historiker von größter Bedeutung ist, wenn er etwas anderes als ein bloßer Annalist sein will. Geht man ein wenig tiefer, so kann man sich fragen, ob die Zeit nicht entsprechend den Ergebnissen der zeitgenössischen Philosophie für die Historiker aufhören muß, als absolut unwandelbares und neutrales Element zu gelten und ob sie nicht vielmehr eine neue Bewertung und Bereicherung erfahren muß, indem sie eintritt in den Bereich des Bewußtseins — ich meine: des Kollektivbewußtseins. Von dieser Warte aus wird man feststellen, daß Menschen und Dinge nicht zu dem Zeitpunkt ge-

---

[4] *Sombart* meint in seinem berühmten Werk ‚Der moderne Kapitalismus' sogar, daß die Aktiengesellschaften in Wahrheit erst gegen Ende des 18. Jahrhunderts entstehen. Das ist meiner Ansicht nach übertrieben.

[5] Ich finde eine derartige Bemerkung in dem kürzlich erschienenen Artikel eines ausgezeichneten Juristen, *E. Betti*, Sul carattere causale della traditio classica. „La storia delle idee e dei dogmi giuridici non si misura col ... metro trutto estrinseco della cronologia (come forse inclinano a pensare gli eruditi). La coevità ideologica e culturale non e una contemporaneità cronologica."

boren werden und sterben, zu dem man gemeinhin glaubt. Jules Romains hat in „Mort de quelqu'un" geistvoll bemerkt, daß ein Mensch erst nach seinem Tode anfangen könne zu leben. Ohne so weit gehen zu wollen, es geschieht oft — und das ist ein tröstlicher Gedanke —, daß der Mensch, dessen physische Existenz beendet ist, nach seinem Tode aufersteht zu einer reicheren und fruchtbareren geistigen Existenz. Wieviele Lehren, wieviele Kunstwerke haben nach einem oft sehr langen Dahindämmern zu neuer Gunst zurückgefunden. Die Geschichte ist voll von solchen Todesfällen, Wiedergeburten und Verklärungen. Die letzte Ursache dafür ist, daß sich alles *im Geistigen abspielt*. Die Ereignisse existieren nur in dem Maße, in dem sie von der sozialen Gruppe empfunden und vorgestellt werden; die Art und Weise, in der sie wirklich geschehen sind, ist zweitrangig und fast gleichgültig. Wenn man von dieser Wahrheit überzeugt ist, dann wird man geneigt sein, sich weniger mit der reinen Chronologie zu befassen als mit der — zweifellos anspruchsvolleren — Untersuchung der Einflüsse und der Verkettung von Ursachen und Wirkungen.

Man verstehe mich nicht falsch: Es liegt keineswegs in meiner Absicht, das traditionelle System durch eine neue Art der Datierung zu ersetzen. In der großen Mehrzahl der Fälle wird es schwierig oder sogar unmöglich sein, jenes Phänomen des Einflusses auf die Meinungsbildung oder jenes gefühlte Bedürfnis, die in meinen Augen der wirkliche Ursprung der Lehre oder der Institution sind, zeitlich festzulegen. Dennoch würden Anstrengungen in dieser Richtung vielleicht nicht ohne Ergebnisse bleiben. Auf jeden Fall wäre ich schon zufrieden, wenn ich den einen oder anderen davon überzeugt hätte, daß es ein wenig zu einfach ist, wenn man die Aufeinanderfolge der Tatsachen rein linear betrachtet, in der Art eines Zivilstandsbeamten, der jede Tatsache an ihrem Platz in einem Register einträgt.

MIX
Papier aus verantwortungsvollen Quellen
Paper from responsible sources
FSC® C105338

Printed by Libri Plureos GmbH
in Hamburg, Germany